안개 속 영업을 깨부숴라

KB191247

아론 로스(Aaron Ross)

아론 로스는 세일즈 어드바이저, 강연자, 기업 자문역으로 활동 중이다. 『안개 속 영업을 깨부숴라』(원제: Predictable Revenue)의 저자이자, 실리콘밸리 성장의 바이블로 불리는 이 책과 후속작 『불가능에서 필연으로(From Impossible To Inevitable)』를 집필했다. 아론은 10명의 자녀를 두었으며(대부분 입양), 2020년에 영국 에든버러로 이주했다. 스탠퍼드 대학교에서 환경 토목공학을 전공했으며, 자녀를 키우기 전에는 아이언맨 철인 3종 경기 완주자였고, 볼더 야외 생존학교 (Boulder Outdoor Survival School)를 수료하기도 했다.

연락처: air@aaron-ross.co
웹사이트: www.FromImpossible.com/talk
링크드인: www.linkedin.com/in/aaronross

감수 고상혁

아웃컴 공동창업자/CEO. 글로벌 기술 기업의 성공적인 한국 B2B 시장 진출을 돕는 전문가다. AI 기반 솔루션과 한국 시장에 대한 깊은 이해를 바탕으로, 현재 아웃컴에서 AI 리드 제너레이션 엔진과 한국형 GTM 모델을 고도화하며 글로벌 SaaS의 실질적 매출 성장을 이끌고 있다.

감수 양우진

아웃컴 공동창업자/부대표. LG전자에서 30년간 글로벌 영업과 사업개발을 총괄하며 A/V, 옵티컬 스토리지, ESL 등 하드웨어 사업을 세계적 솔루션 비즈니스로 전환시켰다. 현재 아웃컴에서 'Pre-GTM' 글로벌 수요·리드 리서치, 개인화 리드 제너레이션 등을 기획·운영하며 한국 제조·IT 기업의 해외 B2B 시장 확장을 지원하고 있다.

안개 속 영업을 깨부숴라

불확실성 타파, 매출 혁신의 절대 공식

아론 로스, 마릴루 테일러

추천사

"이 책을 읽는 건 마치 진정한 영업의 대가와 유쾌한 대화를 나누며 그가 실제로 경험한 성공 전략과 교훈을 귀담아듣는 느낌입니다. 명쾌한 논리와 유머가 돋보이는 이 책은 읽는 내내 신선한 자극을 주며, 즉시 행동으로 옮기게 만드는 강력한 메시지를 담고 있습니다. 특히 콜드콜(cold calling)의 종말을 선언한 챕터는 압권이었습니다. 당장 전화기를 장례식장에 묻어주러 가야겠군요!"

— 조지안 페이곤(Josiane Feigon), 『스마트 셀링』 저자

"막 이 책을 다 읽었습니다. 정말 놀랍습니다! 이제야 우리 영업 프로세스에 어떤 문제가 있었는지 명확히 알게 됐습니다."

— 팻 샤(Pat Shah), SurchSquad CEO

"이 책은 기업가에게 마치 마약과 같은 중독성을 줍니다!"

— 데미안 스티븐스, Servosity CEO

"아론 로스와 함께 일하는 건 정말 굉장한 경험이었습니다. 그의 방법론을 우리 회사에 적용한 후 수익성이 뛰어난 매출 파이프라인을 만들었고, 신규 사업이 40% 이상 성장했습니다. 무엇보다 이 모든 과정이 정말 즐거웠습니다!"

— 마이클 스톤, WPromote 영업 및 전략 VP

"이 책에서 제시하는 영업 기계(Sales Machine)의 개념은 혁신적입니다. 복잡한 개념을 기업가와 경영진들이 쉽게 이해하고 적용할 수 있도록 명료하게 정리한 저자의 역량이 돋보입니다."

— 프로미스 펠론(Promise Phelon), UpMo CEO

"아론의 책은 대기업이든 스타트업이든 모두에게 유용한 내용을 담고 있습니다. 쉽게 읽히면서도 실제 적용 가능한 전략이 가득합니다."

— 브렌트 멜로(Brent Mellow), akaCRM CEO

"아론의 조언을 따른 회사들이 실제로 뛰어난 성과를 냈습니다. 더 이상 무슨 말이 필요할까요?"

— 팀 코너스(Tim Connors), US Venture Partners 파트너

"아론은 영업 2.0 시대를 이끄는 탁월한 전략가입니다. 그의 비전에서 영감을 얻고, 그의 창의성에 놀라며, 그의 조언에 항상 감사하게 됩니다."

— 다니엘 자무디오(Daniel Zamudio), Playboox CEO

"아론은 AdaptAds에 뛰어난 조언자였습니다. 그의 '신중하지만 확실한' 접근 방식은 AdaptAds의 철학과도 정확히 일치합니다. 그는 영업팀을 구축하는 데 있어 매우 귀중한 경험과 노하우를 제공했으며, 언제나 쉽게 소통할 수 있으면서도 가장 날카로운 통찰을 가진 사람입니다."

— 요게시 샤르마(Yogesh Sharma), AdaptAds CEO

"아론은 탁월한 리더의 표본입니다. 명확하고 대담한 비전을 제시하고 직원들이 미니 CEO처럼 일하도록 권한을 부여하죠. 그가 세일즈포스에서 만들어 놓은 탄탄한 영업 시스템 덕분에 제가 그 팀을 이어받아 큰 성공을 거둘 수 있었습니다. 고맙습니다!"

— 라이언 마틴(Ryan Martin), 세일즈포스 신규 비즈니스 디렉터

"아론은 독특한 인물입니다. 사업 경험이 풍부한 전략가인 동시에, 타인의 성공을 진심으로 돕고자 하는 겸손하고 균형 잡힌 사람입니다. 스타트업의 기업가 마인드와 대기업 임원의 마인드를 동시에 가진 그와 함께 일하는 건 진정한 기쁨입니다."

— 엘리엇 버뎃(Eliot Burdett), Peak Sales Recruiting 설립자

"CEO들이 더 예측 가능한 매출과 스트레스 없는 비즈니스를 구축할 수 있도록 돕는 아론의 능력은 정말 뛰어납니다. 그와 함께 일하고 그가 일으키는 변화를 지켜보는 건 제게도 큰 영광이었습니다."

— 오나 영(Onna Young), LifeAfterDebt.us

"아론이 이끄는 CEOFlow 모임에 참석한 후, 많은 CEO들이 비슷한 고민을 하고 있다는 사실을 깨달았습니다. 뛰어난 리더들과 함께 나누는 생생한 경험과 조언이 이렇게 가치 있을 수 없습니다."

— 안드레이 스토이카(Andrei Stoica), ConnectAndSell 창립자

"다른 사람의 성공을 진심으로 돕는 아론의 탁월한 재능과 헌신은 반드시 빛날 것입니다."

— 라이언 본(Ryan Born), AudioMicro CEO

"아론 로스는 스마트한 경영자들이 모여 비즈니스를 혁신하는 아이디어를 나누도록 이끄는 대화의 달인입니다. 그와 함께한 모임마다 베스트셀러 한 권씩 나올 수 있을 정도입니다."

— 존 지라드(John Girard), Clickability 창립자

"아론은 핵심 문제를 빠르게 파악하고 사업 성장을 위한 창의적인 아이디어를 제시했습니다. 덕분에 전국 시장 진출도 마음 편히 추진할 수 있게 됐습니다."

— 클리아 배싱(Klia Bassing), VisitYourself.net CEO

"아론은 명석하고, 통찰력 있으며, 자신이 정한 목표에 놀라운 열정과 추진력으로 달려갑니다. 강력한 리더를 찾는 어떤 회사라도 아론과 함께 일할 것을 강력히 추천합니다."

— 킴 샌티(Kim Santy), Soul Shui 창립자

"아론은 항상 직원의 이익을 최우선으로 생각합니다. 전략적이고, 현명하며, 업계에서 어떤 목표든 달성할 능력을 갖춘 인물입니다."

— 브렌던 캐시디(Brendon Cassidy), EchoSign 영업 VP

"아론의 콜드콜 2.0 전략은 언제나 신선하고 혁신적입니다. 특히 최고의 인재를 채용하고 성과를 극대화하는 방법을 다룬 내용은 매우 유익했습니다. 그의 채용 조언을 따라 성과를 경험했습니다."

— 케빈 게이더(Kevin Gaither), InsideSalesRecruiting.com CEO

서문

요즘은 목적, 행복한 직원과 고객, 그리고 비전과 충만함 같은 가치를 통해 기업을 성장시킬 수 있다고 믿는 사람들이 많아졌다. 자포스(Zappos)가 아마존에 12억 달러에 인수된 사례만 봐도 알 수 있듯이, 실제로 이런 가치는 큰 효과가 있다. 하지만 '목적'만으로는 충분하지 않다. 특히 영업이 제대로 돌아가지 않아 매출이 바닥을 친다면 행복하기 어렵다.

세상에 큰 변화를 만들고, 돈도 벌고, 행복하고 충만한 직장문화를 만들어 나가면서 세상을 바꾸는 건 매우 멋진 일이다. 하지만 회사가 매달 현금흐름에 허덕이고, 매출 목표를 간신히 채워가며 하루하루를 버티고 있다면 과연 이런 목표들을 실현할 수 있을까?

회사가 의미 있는 변화를 지속적으로 만들어내기 위해서는 명확하고, 간결하며, 지속 가능한 영업 전략이 반드시 필요하다.

만약 매월 예측 가능한, 질 높은 영업 기회를 만들어낼 수 있는 효율적인 영업 프로세스를 구축할 수 있다면 어떨까?

더 이상 효과 없는 콜드콜(cold call)을 하지 않고도 신규 매출을 40%에서 최대 300%까지 성장시킬 수 있다면, 회사의 미래는 어떻게 바뀔까?

이 책은 당신에게 **예측 가능한 매출**(predictable revenue)이 가져다주는 성공, 자유, 그리고 마음의 평화를 얻는 방법을 알려줄 것이다.

성장의 즐거움을 절대 놓치지 말고, 꼭 지켜내라.

한국어판 서문

새로운 시대, 새로운 영업의 길을 열다

전 세계, 특히 테크 기업 성장에 결정적 영향을 미친 아론 로스의 『Predictable Revenue』를 『안개 속 영업을 깨부숴라』로 한국 독자께 선보이게 되어 기쁩니다. 이 책이 제시하는 혁신적 방법론은 이미 많은 글로벌 기업에서 효과를 입증하며 '세일즈 바이블'로 자리 잡았습니다. 이 책의 한국어판 출간이 국내 비즈니스 환경에도 의미 있는 변화의 씨앗이 되기를 기대합니다.

오늘날 한국의 비즈니스 환경은 빠른 변화와 치열한 경쟁에 직면해 있습니다. 특히 B2B 영업 분야에서는 과거 방식만으로 지속 가능한 성장을 담보하기 어려워졌고, 보다 체계적이고 예측 가능한 접근법에 대한 요구가 커지고 있습니다. 바로 이러한 시점에 이 책의 출간은 매우 시의적절하다고 믿습니다. '어떻게 하면 불확실한 시장에서 명확한 방향을 찾고, 꾸준히 성과를 내는 조직을 만들 수 있을까?' 이는 경영진뿐 아니라 현장의 모든 구성원이 함께 풀어야 할 숙제입니다.

'콜드콜 2.0' – 예측 가능한 성공 시스템의 구축

『안개 속 영업을 깨부숴라』는 바로 이 질문에 대한 명쾌한 해답의 실마리를 제공합니다. 책의 핵심은 영업 프로세스 전체를 과학적으로 설계하고 운영하는 '콜드콜 2.0', 즉 '예측 가능한 매출(Predictable Revenue)' 시스템 구축에 있습니다.

이 책은 영업이 구조화가 가능할까? 구조화가 가능하다면 어떤 방법이 가능한가 라는 질문에 대한 답을 제시합니다. 기존 영업은 소수의 뛰어난 영업사원에게 크게 의존하는 불안정한 구조인 경우가 많았습니다. 하지만 이 책은 영업 역할을 명확히 분담하고 전문화할 것을 제안합니다. 잠재 고객 발굴 (SDR), 실제 계약(AE), 고객 성공(CSM) 등으로 역할을 나누어 전문성을 극대화하는 것입니다. 이는 마치 잘 설계된 기계처럼, 영업 활동을 예측 가능하고 측정 가능한 시스템으로 전환시키는 혁신입니다. '감'에 의존하던 영업에서 벗어나 명확한 데이터와 프로세스에 기반한 '과학'으로서의 영업을 가능하게 하는 것, 이것이 '콜드콜 2.0'이 가져오는 가장 큰 변화입니다.

지속 가능한 성장을 위한 철학적 공감대

저희 아웃컴이 추구하는 핵심 가치 역시 이러한 체계성과 지속 가능성에 맞닿아 있습니다. 단기 성과보다는 고객에게 진정한 가치를 제공하고 장기적 신뢰를 구축하는 것이 중요하며, 뛰어난 개인보다 잘 설계된 시스템을 통해 구성원 모두가 성장하는 조직을 목표로 합니다.

그런 관점에서 이 책의 철학과 방법론은 단순한 영업 기술을 넘어, 기업 경영 전반에 적용될 귀중한 원칙으로 다가왔습니다. 고객에 대한 깊은 이해를 바탕으로 정교하게 설계된 프로세스를 통해 가치를 전달하고 관계를 발전시키는 방식은, 정보가 넘쳐나고 고객의 목소리가 중요해진 현시대에 반드시 필요한 접근법입니다. 이 책은 영업 활동을 '비용'이 아닌 '투자'로 만들고, 예측 가능한 성장을 통해 기업의 미래를 단단하게 만드는 구체적인 로드맵을 제시합니다.

변화를 위한 용기와 실천

물론, 새로운 시스템을 도입하고 조직 문화를 바꾸는 것은 쉽지 않습니다. 이 책의 방법들을 실제 현장에 적용하려면 리더십의 의지와 구성원의 참여, 그리고 꾸준한 노력이 필요합니다. 저자 역시 강조하듯, "진정으로 헌신하기 전까지는 언제나 망설임이 있고, 물러설 가능성이 있다"는 점을 기억해야 합니다. 작은 단계부터 시작하더라도 멈추지 않고 나아가는 끈기와 용기가 필요합니다.

저희는 이 한국어판이 원저의 깊이 있는 통찰과 조언들을 독자들에게 충실히 전달하리라 믿습니다. 이 책이 제시하는 원칙을 각자의 비즈니스 상황과 한국 시장의 특수성에 맞게 창의적으로 적용한다면, 분명 기대 이상의 성과를 거둘 수 있을 것입니다.

새로운 미래를 향한 여정의 시작

『안개 속 영업을 깨부숴라』는 단순히 매출 증대 방법을 넘어, 영업을 재정의하고 고객 관계 방식을 혁신할 기회를 제공합니다. 또한 영업 전문가들에게는 업무 자부심을 높이고, 보다 체계적인 커리어를 쌓는 길을 열어줄 것입니다.

부디 이 책을 통해, 안개처럼 불확실했던 영업의 세계에서 용기와 지혜를 얻으시기를 바랍니다. 저희 아웃컴 역시 이 책이 제시하는 가치를 영업현장에서 직접 실천하며 한국 비즈니스 생태계에서 건강한 발전을 만들고 있습니다. 독자 여러분 모두의 성공적인 변화와 성장을 진심으로 응원합니다.

주식회사 아웃컴
대표 고상혁, 부대표 양우진 드림

옮긴이의 말

아마 아직까지는 저희가 한국에서 이 책을 가장 많이 읽은 사람들 중 하나일 것입니다. 이번 번역에 참여한 팀원 중 스타트업 현직 세일즈 담당자 두 명은, 업무 중 어려운 문제에 부딪힐 때마다 이 책에서 실마리를 찾고 적용하기를 반복했습니다. 그만큼 이 책은 저희에게도 단순한 번역 원고 이상의 의미를 지닙니다.

좋은 제품을 만드는 것만큼이나 중요한 시장 진출 전략(Go-To-Market) 수립은 때때로 그 중요성이 과소평가되거나 잘못된 정보에 의해 오해받기 쉬운 영역입니다. 특히 이 책에서 깊이 다루는 영업(세일즈) 분야는 기업 성장에 필수적임에도 불구하고, 일부 잘못된 선례나 오해로 인해 그 전문성과 체계성이 간과되곤 했습니다. 성공보다 실패 확률이 높고 변수가 많은 업무 특성도 한몫했을 것입니다. 해외에서는 이미 세일즈에 대한 체계적 접근, 데이터 기반 의사결정, 효율적인 조직 구축 등 검증된 방법론이 활발히 논의되고 적용되어 왔지만, 유독 한국에서는 이러한 접근의 중요성이 충분히 강조되지 못했던 경향이 있었습니다.

이 책은 세일즈 조직 구성과 운영, 효과적인 리드 생성 방법 등 세일즈의 다양한 방법론을 기초부터 체계적이고 세심하게 소개합니다. 물론 책에서 제시된 방법론이 모든 회사에 동일하게 적용될 수는 없을 것입니다. 하지만 시도해 볼 충분한 가치가 있는 검증된 방법론을 매우 상세히 안내하며, 실제로 이 접근법을 통해 성공적인 시장 진출을 이뤄낸 사례는 전 세계적으로 무수히 많습니다. 저희 번역팀 역시 이 책의 방법론을 바탕으로 각자의 현장에서 최적의 해답을 찾아가는 여정 중에 있습니다. 혹시 이 책의 방법론을 통해 의미 있는 성장을 경험하신 독자분이 계시다면, 그 소중한 경험을 나누어 주시 길 기대합니다.

『안개 속 영업을 깨부숴라』를 번역한 저희는 스타트업 및 관련 생태계 현업 종사자들로 구성된 부업 번역가 그룹, FastFollowers(FF)입니다. 해외의 좋은 책과 앞선 생각들이 국 내에 더 빠르게 소개되기를 바라는 마음으로 번역에 참여하 고 있습니다. 최근 저희와 같은 생각을 가진 분들이 늘어나고 있어 매우 기쁘게 생각하며, 앞으로도 더 빠르고 유용한 정보 를 국내 독자들에게 전하기 위해 노력하겠습니다.

이 책이 세상에 나올 수 있도록 귀한 기회를 주시고 물심양면 으로 지원을 아끼지 않으신 도서담과 아웃컴 관계자분들께 깊은 감사의 말씀을 드립니다. 때로는 무엇이 필요한지조차 알지 못하는 '무지의 무지' 상태를 벗어나는 것이 가장 어렵다 고 합니다. 두 회사의 통찰력과 도움이 없었다면, 이 책이 제 시하는 새로운 관점과 가능성을 국내 독자들과 나눌 기회조 차 얻기 어려웠을 것입니다.

번역 과정에서 가장 고심했던 부분은 한국 독자들에게는 아 직 생소할 수 있는 용어들을 어떻게 효과적으로 전달할 것인 가 하는 점이었습니다. SDR(Sales Development Representative), AE(Account Executive)와 같은 용어는 이미 국내에서도 원어 그 대로 사용되는 경우가 늘고 있지만, 이를 우리말로 풀어쓰면서 원문의 뉘앙스를 살리고 현장의 쓰임새를 반영하는 데는 어려움이 따랐습니다. 그럼에도 불구하고, 부족한 초벌 번역을 꼼꼼히 검토해주시고 현업에서 사용되는 자연스러운 용어로 다듬어 주신 아웃컴과 도서담의 도움에 다시 한번 감사드립니다. 혹여 번역이 매끄럽지 못한 부분이 있다면 전적으로 저희 번역팀의 부족함 때문이니 너그러이 양해해주시면 감사하겠습니다.

FF

1억 달러 매출은 어떻게 만들어졌나
Where the $100 Million Came From

나는 세일즈포스(Salesforce)에 입사하기 전에는
B2B 영업을 해본 경험이 없었다. 오히려 이러한 무경험이
새로운 돌파구를 만드는 데 도움이 되었다.

시작하기 (Start Here)

먼저 현대 세일즈 분야에서 가장 크게 오해받는 통념 중 하나인 '세일즈맨을 늘리면 매출이 증가한다'는 생각에 정면으로 반박해 보겠다.

당신은 당신 회사의 세일즈 조직이 '세일즈 머신'이 되어 예측 가능한 매출을 창출하고, 필요에 따라 새로운 리드를 생성하며, 늘 예의주시하지 않아도 재무적 목표를 달성함으로써 오는 마음의 평화를 원하지 않는가?

나는 세일즈포스에서 영업 리드 생성 프로세스와 팀을 구축하여 초기 몇 년 동안 매출을 1억 달러 이상 증가시키는 데 기여했다. 이후 파트너들과 함께 다른 기업들에도 동일한 프로세스를 전수하여 리스폰시스(Responsys, 오라클이 15억 달러에 인수), 더블유프로모트(WPromote, Inc 500대 기업 중 검색 엔진 분야 1위), 어콰이아(Acquia, 북미에서 가장 빠르게 성장하는 비상장 소프트웨어 기업) 등이 신규 매출을 두 배, 세 배로 늘리도록 지원했다. 우리 고객사들은 대체로 매출 파이프라인의 80~95%가 이 아웃바운드 프로세스에서 발생하며, 이를 통해 기업 성장의 대부분(또는 전부)을 이끌어낸다.

모두가 당연히 더 많은 매출을 원하지만, 예측할 수 없다면 무슨 소용이 있겠는가? 반복되지 않는 일회성 매출 성과는 매년 일관된 성장을 달성하는 데 도움이 되지 않는다. 우리는 매 분기와 연말마다 추측과 희망, 막판 거래 성사에 매달릴 필요가 없는 안정적인 성장을 원한다.

이 책은 세일즈포스닷컴에서의 약 20년간의 경험과 미국 및 전 세계의 대기업부터 중소기업(매출 발생 이전의 스타트업)

에 이르기까지 수백 개 기술 회사와 비즈니스 서비스 회사에 대한 컨설팅 및 연구를 바탕으로 작성되었다.

예측 가능한 매출을 위한 세 가지 핵심 요소

지속적이고 예측 가능한 매출을 창출하는 세일즈 머신을 구축하는 데는 다음 세 가지 요소가 필요하다.

1. 예측 가능한 리드 생성: 예측 가능한 매출을 창출하는 데 가장 중요한 요소다.
2. 세일즈 발굴(Sales Development) 팀: 마케팅과 영업 사이의 간극을 메우는 데 필요하다.
3. 일관된 세일즈 시스템: 일관성이 없으면 예측 가능성도 확보할 수 없다.

내 경험상 예측 가능한 매출에 가장 즉각적인 영향을 주는 방법은 아웃바운드 '세일즈 발굴' 팀을 만드는 것이다. 주로 주니어 영업 사원으로 구성된 이 팀은 100% 잠재 고객 발굴에만 집중해야 한다. 이는 거래를 성사시키거나 인바운드 리드를 응대하는 것이 아니라는 의미다! 이 책의 '콜드 콜 2.0' 섹션에서 이에 대해 자세히 배울 수 있다.

한 입 크기의 아이디어들

때로는 일을 제대로 돌아가게 만들기 위해서 좋은 아이디어 하나, 올바른 실천 하나만 있으면 된다. 이 책은 여러분이 훑어보고 시도해 볼 수 있는 한입 크기의 아이디어로 구성했다.

나는 이 책을 어느 페이지를 열든 배우고 적용할 수 있는 유용한 내용을 찾을 수 있는 가이드 또는 매뉴얼로 만들고자 했다.

세일즈가 처음이거나 신임 CEO인가?

주로 세일즈 경험이 있는 사람들을 위해 이 책을 썼기 때문에 책의 초반부에 '치명적인 계획 실수', '콜드 콜 2.0' 등의 주제를 바로 다루고 있다.

세일즈, 세일즈 관리 또는 CEO가 처음이라면 "6장: 리드 생성과 씨앗, 그물, 창"과 "7장: CEO와 세일즈 VP가 저지르는 7가지 치명적인 영업 실수"를 먼저 읽어보기를 권한다.

이 두 챕터는 책의 나머지 부분을 살펴보기 전에 '세일즈 개론'의 기초를 다지는 데 도움이 될 것이다.

가시밭길의 모습

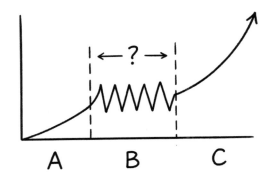

CEO나 세일즈 VP라면 누구나 스트레스, 목표치 미달, 불확실성이라는 '가시밭길'을 걸어본 적이 있거나 지금도 걷고 있을

것이다.

일반적으로 '가시밭길'은 창업자의 인맥과 노력을 통한 고객 확보 또는 오가닉 인터넷 마케팅을 기반으로 하는 유기적 성장 'A'에서, 예측 가능한 성장을 만들기 위한 프로그램에 투자하는 주도적 성장 'C'로 전환하는 과정에서 발생한다.

유기적 성장에서 주도적 성장으로 전환하려면 새로운 습관, 관행, 시스템이 필요하기 때문에 많은 좌절을 겪게 된다.

변화는 하루아침에 이루어지지 않는다. 몇 달이 걸리든, 몇 년이 걸리든 '가시밭길'을 헤쳐나가는 동안 헌신과 끈기, 인내심을 유지하라.

이 책의 목표는 여러분이 최대한 빠르고, 쉽고, 유익하게 이 난관을 헤쳐나갈 수 있도록 돕는 것이다.

이는 경영진과 이사회가 예측 가능한 매출을 창출하기 위한 기본 원칙을 동일하게 이해할 때만 가능하다. 단순히 영업 사원을 더 고용하는 것으로는 불가능하다!

이사회와 세일즈 VP들이
매년 범하는 고통스러운 계획 실수

나는 먼저 현대 효과적인 세일즈에서 가장 크게 오해받는 개념 중 하나인 '영업사원을 늘리고 더 열심히 일하게 하면 매출이 증가한다'는 주장에 정면으로 반박하고자 한다.

10만~25만 달러 미만의 제품을 판매하는 기업의 경우, 매출 성장을 위해 더 많은 '발로 뛰는 사람'을 고용하는 구식 전략은 이제 대부분 실패하고 있다.

신규 고객을 유치해 빠르게 성장하고자 하는 기업을 예로 들어 보자(기존 고객 기반을 통해 성장을 주도하는 성숙한 기업은 잠시 논의에서 제외한다).

이들이 직면한 문제는 인터넷 이전에 통했던 기존의 세일즈 원칙이 더 이상 효과가 없다는 점이다. 그들은 이렇게 생각한다. "매출 성장을 두 배로 늘려야 한다면, 영업 인력을 두 배로 늘리거나 현재 팀이 두 배로 열심히 일하게 만들어야 한다."

이는 완전히 잘못된 생각이다. 생산성이 높은 영업 조직에서 영업사원은 고객 확보를 주도하는 것이 아니라, 그 과정을 완성하는 역할을 한다.

이는 전통적인 세일즈 사고방식에서의 큰 변화다. 나는 단순한 상관관계가 아닌 근본적인 원인에 대해 이야기하는 것이다. 물론 기업 규모가 커지면 더 많은 영업사원이 필요하지만, 그들이 신규 고객 증가의 주요 원인은 아니다.

또한 '더 열심히 일하기'와 '더 많이 전화하기'는 CEO, 영업 임원, 그리고 영업사원들에게 매우 인기 있고 단순한 전략이지만, 이는 확장성이 떨어진다. 대부분의 영업사원은 이미 충분한 시간을 일하고 있으며, 이들에게 더 열심히 일하라고 하는 것은 잘못된 방향으로 더 빨리 달려가며 문제를 해결하려는 것과 같다. 이는 배의 구멍을 막지 않고 물만 더 빨리 퍼내는 것과 다를 바 없다.

다시 말해, "더 열심히 일하라"는 말은 곧 "우리가 하는 일이 효과가 없으니, 더 많이 하자!"라는 의미이다.

리드 생성이 신규 고객 확보의 성패를 좌우한다

미래의 영업은 점점 더 고객 관리(Account Management)에 가까워질 것이며, 신규 고객 확보를 통한 성장에 대한 책임은 'VP* 수요 창출(VP Demand Generation)', 'VP 파이프라인 성장(VP Pipeline Growth)', '리드 생성 담당 VP(VP Lead Generation)', '영업 개발 VP(VP Sales Development)'와 같은 직함을 가진 리드 생성 담당 임원들에게 더 확실히 맡겨지게 될 것이다.

물론 이 말을 듣고 몇몇 사람들은 '말도 안 되는 소리를 한다'고 생각할 수 있다.

하지만 다시 말하면, 리드 생성이 뛰어날수록 영업사원과 영업 프로세스의 품질에 덜 의존하게 된다. 즉, 리드 생성이 뛰어나면 영업에서 다소 실수가 생기더라도 어느 정도 여유가 생긴다.

두 경쟁사의 예시를 통해 간단히 비교해 보자:

경쟁사 A:

- 현재 매출 1,000만 달러에서 2,000만 달러로 두 배 증가를 목표로 하고 있다. 현재 영업사원 10명을 보유하고 있고, 15명까지 늘릴 계획이다.

- 이미 검증된 마케팅 캠페인과 리드 생성 프로그램(파이프라인의 40%), Cold Calling 2.0 팀(파이프라인의 40%), 파트너사(파

---

*   VP(Vice President)는 한국어로 직역하면 부사장이지만, 실제 기업에서는 부사장보다 하위 직급인 이사급 또는 상무급 정도로 사용되는 경우가 많다. 특히 VP of Sales, VP of Marketing 등 특정 분야를 총괄하는 직책으로 자주 쓰인다. 이 책에서는 혼동을 피하기 위해 원어인 VP를 그대로 사용하였다.

이프라인의 20%)를 통해 매월 300만 달러 상당의 신규 파이프라인을 확보하고 있다. (Cold Calling 2.0 등의 용어는 이후 챕터에서 다룰 것이다.)

- 영업사원의 업무 적응 기간(ramp time)은 4개월로 짧다. 이미 준비된 파이프라인에 바로 투입되기 때문이다.

경쟁사 B:

- 역시 매출을 1,000만 달러에서 2,000만 달러로 두 배 늘리려 한다. 현재 영업사원은 10명이지만, 20명까지 늘릴 예정이다.
- 마케팅에 돈을 투자하고 영업사원이 콜드콜도 하고 있지만, 파이프라인을 제대로 관리하는 사람은 아무도 없다. 지금까지는 세일즈 VP와 영업사원들이 급하게 뛰어다니면서 어찌어찌 목표를 달성해왔다.
- 그들은 영업사원 업무 적응 기간을 3~6개월로 예상하지만, 실제로는 6~15개월이 걸리거나, 심지어 적응하지 못할 수도 있다.

둘 중 어느 회사가 목표를 달성할 가능성이 높을까? 다음은 내가 향후 12개월 동안 많은 기업에서 벌어질 것으로 보는 상황이다.

1. 이사회와 CEO가 다음 해 매출 목표를 공격적으로 잡는다(대부분 신규 고객 확보 중심).
2. 세일즈 VP나 CEO는 이 목표를 영업사원의 개인 할당량(quota)으로 나누어 목표 달성에 필요한 영업사원 수를 정한다.
3. 신규 영업사원을 채용하는 데 예상보다 시간이 오래 걸리고,

새 영업사원들은 예상보다 훨씬 느리게 적응하며 목표를 놓친다.

4. 연말이 가까워지면 목표와 실적의 격차가 커지면서 모두 극도의 스트레스와 좌절감에 빠진다.

치명적 실수

세일즈 VP가 해고되는 근본 원인(이사회와 CEO 역시 공동 책임자이다)은 회사의 지원이나 투자 없이 영업사원들이 이전의 인맥이나 무작정 하는 콜드콜(cold call)을 통해 알아서 신규 고객을 발굴할 거라는 잘못된 가정 때문이다.

영업사원은 절대 스스로 충분한 리드를 만들어낼 수 없다. 적어도 자신의 목표를 채울 만큼은 아니다. (물론 가끔은 스스로 해내는 영업사원이 있다. 복권에 당첨되는 사람도 가끔 있듯이.)

이유는 다음과 같다.

1. 경험 많은 영업사원은 잠재 고객 발굴(prospecting)에 서툴다.
2. 경험 많은 영업사원은 잠재 고객 발굴을 싫어한다.
3. 설령 영업사원이 잠재 고객을 성공적으로 발굴한다고 해도, 파이프라인이 어느 정도 생기면 너무 바빠져 더 이상 발굴할 시간이 없다. 결국 지속 가능하지 않다.

대규모 계약(25만 달러 이상)을 다루거나, 광고 대행사와 같이 관계가 중요시되는 산업이 아니라면, '경험 많은 영업사원을 뽑아 지역을 주고 알아서 생존하게 하는' 구식 전략으로 사업의 운명을 맡기는 일은 결코 하지 않을 것이다.

이사회와 CEO가 문제를 악화시키는 방법

제품이 시장에 출시되고 초기 고객 견인력이 생기자마자, 이사회와 CEO는 100% 이상의 성장 목표를 설정하려고 서두른다. 그들은 (예측 기반이 될 데이터가 없으니!) 임의로 목표를 정하고 세일즈 VP를 압박한다. 세일즈 VP는 (특히 목표 설정에 발언권이 없었을 때) 이를 받아들이고 영업사원 채용에 바쁘게 뛰어든다. 영업사원들은 계획을 달성하지 못한다. 회사는 목표를 놓친다. 경영진이 교체된다.

왜 사람들은 효과적인 방법을 찾는 대신, 효과 없는 일에 더 매달리는 걸까? 2분기가 되면, 영업사원들이 연간 목표를 달성하지 못하고 있을 때, (이사회, CEO 또는 세일즈 VP 스스로) 더 많은 인력을 채용하라는 압박이 있을 것이다! "우리는 목표 달성에 뒤처지고 있어. 더 많은 영업사원이 필요해!" 말도 안 되는 소리.

왜 CEO와 이사회는 계속해서 어리석은 실수를 반복하는 걸까? 사람들은 압박이나 스트레스를 받을 때, 새로운 것을 시도하는 위험을 감수하기보다 자신이 알고 있는 안전한 곳으로 후퇴하는 경향이 있다. 한발 물러서서, 숨을 고르고, 새로운 접근법을 찾으려 노력하기보다 효과가 없는 일을 더 많이 하는 게 인간이다.

몇 가지 해답들

안타깝게도 리드 제너레이션(잠재 고객 발굴) 문제를 빠르고 반복 가능한 방식으로 즉시 해결할 수 있는 방법은 현재 존재하지 않는다. 사실 지금까지 반복 가능한 리드 제너레이션 프로그램을 구축하지 못했다면 이미 향후 6~12개월 동안 목표 달성을 위한 준비가 늦어진 셈이다.

투자자들이 빠른 결과를 요구하더라도, 실제로는 2개월에서 길게는 12개월 이상 걸려야 안정적이고 예측 가능한 매출을 만드는 리드 제너레이션 체계를 구축할 수 있다. 결과를 내는 데 소요되는 시간은 생각보다 빠르게 늘어난다. ① 새로운 프로그램을 시작할지 여부를 결정하고 구체적인 방법을 찾는 데 시간이 걸리고, ② 이를 실제로 실행하고 (성공적으로!) 리드를 만들어내는 시간이 필요하며, ③ 여기에 세일즈 사이클(판매 주기)까지 더하면, 첫 번째 의미 있는 매출을 올리기까지 상당한 시간이 필요하게 된다.

효과적인 신규 리드 창출 방법들은 다음과 같다.

- 반복적인 시행착오(Trial-and-error): 인내심과 실험 정신, 비용이 필요하다.)
- 교육을 통한 마케팅(Marketing through teaching): 정기적인 웨비나, 백서(White paper), 이메일 뉴스레터, 라이브 이벤트 등을 통해 업계의 신뢰받는 전문가로 자리매김하는 방법이다. (지속적이고 예측 가능한 성과가 나오기까지 상당한 시간이 소요된다.)
- 긍정적인 입소문(word-of-mouth): 가장 가치 있는 리드 창출 수단이지만, 인위적으로 통제하거나 빠르게 만들어내기 가장 어렵다. 긴 시간이 필요하다.
- 아웃바운드 프로스펙팅(Outbound Prospecting, 일명 '콜드 콜링 2.0'): 신규 파이프라인(영업 기회)을 창출하는 데 가장 예측 가능하고 통제 가능한 방법이다. 그러나 제대로 수행하려면 높은 집중력과 전문성이 필요하다. 다행히 당신은 바로 지금,

그 프로세스에 대한 안내서를 손에 쥐고 있다.

- 활발한 파트너 생태계 구축: 매우 가치가 높은 방법이지만, 실질적 결과까지 오랜 시간이 소요된다.
- 홍보(PR): 때로는 실질적 결과를 내는 놀라운 방법이기도 하다. (하지만 항상 예측 가능한 방법은 아니다.)

결과를 내는 데 걸리는 시간이 빠르게 누적된다는 사실을 기억하라. 새로운 프로그램을 시작할지 말지 고민하고, 실제로 이를 실행하고 (성공적으로!) 리드를 생성한 다음, 영업 사이클까지 포함해 계산하면 결국 첫 번째 의미 있는 매출이 나오는 시점까지는 상당한 시간이 걸릴 수밖에 없다.

더 많은 인식에서 시작하라

먼저, 회사가 얼마나 많은 파이프라인(영업기회)을 창출하고 있는지부터 명확히 인식해야 한다.

- 경영진과 이사회는 매달 얼마만큼의 새로운 (검증된) 파이프라인을 생성해야 하는지 알고 있는가? (이 지표는 '매출 성사' 다음으로 두 번째로 중요한 지표다.)
- '매월 생성되는 신규 파이프라인'이라는 수치를 이사회 차원에서 주기적으로 확인하고 있는가?
- 회사 내에서 '잠재고객(prospects)', '리드(leads)', '영업기회(opportunities)'라는 용어들에 대한 공통된 언어와 명확한 정의가 마련되어 있는가? 경영진과 이사회 간 가장 큰 문제 중 하나는 보통 용어나 지표에 대한 오해와 잘못된 소통에서 비롯된다.

경영진과 이사회가 목표 달성에 필요한 파이프라인의 부족분과 그 파이프라인이 어디에서 올 가능성이 높은지에 대해 명확히 인지하고 있다면, 보다 현실적인 목표와 실행 계획을 수립할 수 있다. 또한, 목표를 달성하지 못했을 때 그 원인을 제대로 알지 못한 채 갑작스럽게 팀과 투자자의 신뢰를 잃는 일을 방지할 수 있을 것이다.

완전히 실패한 것 같은 기분이 든 적이 있는가?

이 책에 담긴 모든 교훈들은 내가 아주 고통스러운 방식으로 배운 것들이다. (그렇다, 나도 앞서 말한 치명적인 계획 수립 실수를 저지른 CEO들 중 한 명이었다.) 지금 당신의 인생이나 일에서 어떤 좌절과 도전, 실패를 겪고 있는가? 그 어려움들이 때로는 가장 큰 성공의 씨앗이 될 수 있음을 알고 있는가?

당신은 아마 이 책의 표지나 내 블로그에서 나의 영업 프로세스가 세일즈포스를 위해 1억 달러의 반복 수익을 창출했다는 문구를 읽었을 것이다. 그 성공(그리고 '예측 가능한 매출'이라는 아이디어 자체)은 사실 나 자신의 아주 고통스러운 실패 경험에서 싹튼 것이었다.

1999년, 나는 LeaseExchange.com이라는 50명 규모의 인터넷 회사의 창업자 겸 CEO였다. 경영과 세일즈에서 무엇이 효과가 있고 무엇이 효과가 없는지를 아주 혹독하게 깨달았다. (기본적으로 나는 정말 많은 실수를 저질렀고, 남들에게 충분한 도움을 요청하지 않았다.) 벤처캐피털로부터 500만 달러를 투자받아 몇 년을 운영했지만, 결국 2001년에 사업을 접었다. 꿈은

죽었다.

경험해 본 적이 있는가? 인생에서 무언가에 완전히 몰두해 흥분해 본 경험이 있는가? 세상 그 무엇보다 더 기대하고 설레었지만 결국 처참하게 무너진 경험 말이다. 정말 끔찍했다. 창업자이자 리더로서 나는 내 회사 사람들의 꿈을 망친 책임까지 느껴야 했다.

회사가 무너지는 그 '죽음의 행진' 기간 동안 나는 회사 밖에서 혼자 있는 시간이 너무 많았다. 나는 은둔자가 되었다. 사실 그때 나에게 가장 필요했던 것은 공동체였는데, 정반대의 선택을 하고 있었던 것이다.

회사가 문을 닫는 과정에서 내 도피처는 금요일 밤마다 보드카를 마시며 컴퓨터 게임을 하는 것이었다. 현실에서 도피하고 무감각해지고 싶었기 때문이다.

그렇다. 마침내 회사 문이 완전히 닫혔을 때, 최소한 '죽음의 행진'이 끝났다는 사실에 조금은 안도했다.

돌이켜보면, CEO이자 창업자로서 저지른 수많은 실수들에 대해 이제는 감사할 수 있다. 솔직히 말해, 나는 정말 형편없는 관리자였다. 그러나 그 시절 LeaseExchange에서 보낸 고통스러운 경험 덕분에 세일즈포스에서, 그리고 현재 내가 운영하는 Predictable Revenue Inc.에서 성공을 준비할 수 있었다.

내가 세일즈포스에 입사했을 때, 나는 자존심을 모두 내려놓고 가장 말단의 영업직을 맡았다. 연봉은 총 5만 달러였고, 지분은 거의 없었다(0.0002% 수준).

마치 세일즈포스 입사를 망설인 것처럼 말하고 싶지만, 사실 나는 무슨 수를 써서라도 그 회사에 들어가겠다고 결심한 상태였다. 한 회사의 CEO였던 나는 세일즈포스의 영업전화에 응대하는 자리로 이동했다. (당신도 자존심 때문에 미래나 행복을 위해 중요한 무언가를 하지 못한 적이 있는가?)

실제로 2002년 말 세일즈포스 웹사이트에서 회원가입을 했다면, 아마 내가 당신에게 전화를 걸고 이메일을 보내 잠재 고객인지 확인하고 있었을 것이다.

내가 그 직무를 택한 이유는, 다시 한번 사업을 시작하기 전에 세계적 수준의 영업 조직을 만드는 데 있어 제대로 된 MBA 급 경험이 필요하다고 믿었기 때문이다.

나는 단순히 임의의 매출(random revenue)을 창출하는 방법을 배우고 싶지 않았다. 내가 원하는 것은 '예측 가능한 매출'이었다.

그리고 이제는 그 중요성을 더욱 확실히 알게 되었다. 그래서 결국 나는 이 책을 쓰게 되었다. 수많은 CEO들과 영업이사들이 영업팀을 구축하는 과정에서 수백만 달러와 수년의 시간을 허비하는 실수를 반복하기 때문이다.

결국 나는 세일즈포스에서 완전히 새로운 영업 프로세스와 내부 영업팀을 구축했고, 몇 년 만에 회사가 추가로 1억 달러의 반복적인 매출을 창출하는 데 기여했다. 그 팀과 프로세스는 지속 가능했고, 지금도 여전히 견고하게 유지되고 있다.

과거의 수많은 실패 덕분에, 가장 밑바닥에서 다시 시작하는 것이 나에게 왜 의미 있는지 이해할 수 있었다. 이제 나는 나의 실패에 감사할 수 있다.

당신의 가장 큰 실패 또는 가장 최근의 실패는 무엇인가? 그 실패에 대해 감사할 수 있는 점은 무엇인가? 현재의 어려움을 극복함으로써 어떤 이득을 얻을 수 있을지 상상할 수 있는가?

'실패'는 그저 당신이 경험에 대해 내린 판단일 뿐이다. 사실 실패란 없다. 오직 배움의 기회만 존재할 뿐이다.

1억 달러짜리 영업 프로세스

2003년, 세일즈포스는 큰 문제를 겪고 있었다. 많은 비용을 들여 고용한 현장 영업사원(field salespeople)들이 새로운 거래를 만들어내고 성사시키길 기대했지만, 그들은 파이프라인과 리드(잠재 고객) 부족에 시달리고 있었다. 그들이 가진 인맥은 극소수를 제외하면 전혀 도움이 되지 않았다. 회사에는 비싼 몸값을 받는 영업사원들이 넘쳐났지만, 실제로는 제대로 된 영업 기회가 거의 없었다.

세일즈포스의 마케팅 및 홍보 조직이 리드를 많이 만들어내긴 했지만, 문제는 대부분의 리드가 중소기업에서 왔지, 대기업 고객으로 이어지지 않았다는 점이다.

대학 시절 페인트칠 사업을 하며 방문 판매를 했던 경험 외에는, 나는 세일즈포스에 입사하기 전까지 영업이나 리드 제너레이션(잠재 고객 발굴)을 해본 적이 없었다.

오히려 영업에 대해 전혀 모른다는 사실이 큰 도움이 되었다. 덕분에 나는 영업 활동에 대한 선입견 없이 신선한 시각으로 접근할 수 있었다. 처음 몇 번 콜드콜(Cold call)을 시도해본 후, 나는 그 일이 얼마나 시간 낭비인지를 깨닫고 즉시 중단했다. 나는 콜드콜을 너무나 싫어했을 뿐 아니라(사실 내가 전화를 건 사람들도 콜드콜을 싫어했다), 효과 역시 전혀 없었다. 나는 더 나은 방법이 있을 것이라 믿었다―더 즐겁고, 흥미롭고,

생산적인 무언가 말이다.

나는 영업과 잠재고객 발굴에 관한 책을 여러 권 읽어본 뒤 모두 버렸다. 책마다 표현만 달랐을 뿐 결국 비슷한 이야기를 반복했고, 하나도 도움이 되지 않았다. (1980년대에나 어울릴 법한 책들이었다.)

처음에는 내가 완전히 처음부터 시작해야 한다는 생각에 좌절했다. 하지만 결국 나는 꾸준히 검증된 신규 영업 기회를 만들어내는 영업 프로세스와 내부 영업팀(inside sales team)을 창조하게 되었다. 그때부터 거의 모든 것이 바뀌었다.

우리 팀은 더 이상 웹사이트에서 발생한 리드를 검증하지 않았다.

우리 팀은 더 이상 영업 주문서 업무를 하지 않았다.

우리 팀은 소규모 거래를 성사시키지 않았다.

우리 팀은 마케팅 업무를 돕지 않았다.

우리 팀은 집중력을 분산시키는 일을 하지 않았다.

대신, 아웃바운드 프로스펙터(outbound prospector)로 구성된 내부 영업팀은 오직 한 가지 목표만 있었다. 바로 '콜드' 기업(이전까지 전혀 접촉한 적 없거나 관심을 가지지 않았던 기업)을 대상으로, 콜드콜이 아닌 방식(자세한 내용은 2장 참조)으로 신규 영업 기회를 발굴하여, 실제로 계약을 성사시키는 담당자(quota-carrying salesperson)에게 전달하는 것이었다.

이 팀은 완전히 새로운 콜드 기업 또는 최소 6개월 이상 연락이 없었던 과거의 기업들만을 대상으로 했다. 이 팀은 입소문이나 마케팅을 통해 들어오는 인바운드 리드를 전혀 받지 않았다. (이러한 리드들은 별도로 마켓 리스폰스(Market Response) 팀이 처리하여 담당 영업자에게 전달했다.)

내가 직접 실험해 본 결과, 콜드콜은 시간 낭비라고 판단했기 때문에 우리 영업 프로세스에는 콜드콜이 전혀 없었다.

훌륭한 사람들을 채용하고 검증된 반복 가능한 프로세스를 만든 것 외에도, 이 팀이 몇 년간 지속해서 뛰어난 성과를 낸 데는 두 가지 중요한 핵심이 더 있었다.

1. 예측 가능한 성과(ROI)

   우리에겐 매우 효과적이고 반복 가능하며, 예측 가능한 단순한 영업 프로세스가 있었다. 프로세스와 교육 시스템 덕분에 대부분의 영업 담당자들은 쉽게 성공을 거두었고, 이들의 약 95%가 기대치를 초과하는 성과를 냈다. 약 12개월간의 성과와 데이터를 축적한 후, 우리는 신규 영업 담당자들이 얼마나 성과를 낼 수 있는지를 정확히 예측할 수 있었다. 예를 들어, 총 비용(급여 및 부대비용 포함)이 연간 10만 달러인 영업사원을 고용하면, 그 영업사원이 연간 약 300만 달러에 이르는 계약을 만들어 낼 수 있다는 사실을 알고 있었다. 또한, 신규 직원이 회사에 순 현금흐름을 만들어주는 데까지 걸리는 시간도 정확히 예측할 수 있었다.

2. 자체 운영 시스템(Self-Managing Systems)

   모든 업무가 시스템화되어 있었다. 나는 나 자신이나 특정 개인이 팀의 성공에 병목현상을 일으키길 원치 않았다. 만약 내가 갑자기 교통사고라도 난다면? 그래서 팀은 스스로 운영될 수 있도록 구축되어야 했고, 그렇게 설계되어야 계속 성장하고 성공할 수 있었다.

당신의 영업 성과가 확장 가능한지 여부는, CEO와 경영진이 영업 프로세스에서 완전히 분리되어 있는지에 달렸다. 너무 많은 회사들이 CEO나 세일즈 VP에게 판매 성과를 의존하고 있다. 당신의 직접적인 도움 없이도(코칭 정도를 제외하고), 영업팀과 성과가 자립할 수 있도록 만드는 방법을 고민해야 한다.

돈이 없다는 걸 기회로 삼아라

나는 당신이 이 책에 나온 방법들을 활용해 더 많은 돈을 더 예측 가능하게 벌 수 있기를 진심으로 바란다. 하지만 절대 이 프로세스를 맹목적으로 따라 하지는 마라. 창의적으로 접근해야 한다. 당신은 당신 자신의 운명을 스스로 통제해야 하며, 여러 가지 '이유들'이 당신의 성과를 가로막게 해서는 안 된다.

당선이 더 많은 잠재 고객과 예측 가능한 수익을 얻지 못하는 이유는 무엇인가? 시장 상황, 경제 불황, 돈 부족, 좋은 사람의 부재, 기술적 어려움 때문이라고 생각하는가?

자주 듣는 변명 중 하나는 "우린 마케팅 예산이 없어요", "영업 예산이 없어요", 심지어 "돈만 조금 더 있다면…"이라는 말이다. 사실 당신이 원하는 성과와 회사를 만드는 데 많은 돈이 필요하지는 않다. 돈 부족은 창의적이지 못한 사람들이 가장 흔히 사용하는 핑계다.

당신이나 CEO, 관리자, 직원들은 새로운 아이디어나 비즈니스, 프로젝트가 진척되지 않는 이유에 대해 매우 타당하게 들리는 변명을 만들어낼 수 있다. 시간이 더 필요하다거나, 마케팅 예산이 부족하다거나, 직원들이 열정적이지 않다거나, 투자를 받아야 한다거나 하는 식이다.

하지만 이런 것 중 그 어떤 것도 진정한 장애물이 아니다. 성장, 예측 가능한 매출 창출, 창업, 또는 직원들을 소규모 CEO로 육성하는 일이든, 돈이 없어도 앞으로 나아갈 방법은 언제나 존재한다.

돈과 마케팅 예산 얘기로 돌아가 보자. 물론 돈이 있으면 좋다. 하지만 마케팅 예산이 많지 않아도 충분히 영업을 확대할 수 있다.

세일즈포스는 아웃바운드 영업팀을 구축해서 1억 달러의 성과를 올리는 데 마케팅 예산을 단 한 푼도 쓰지 않았다. 처음 투자한 것은 단지 한 사람의 급여뿐이었다. 이쯤 되면 당신은 이렇게 생각할 수도 있다.

"당신이야 쉽게 말하겠죠. 세일즈포스는 유명한 회사고, 브랜드가 있으니 마케팅 예산 없이도 가능했겠죠. 하지만 만약 나처럼 큰 브랜드나 많은 예산이 없는 회사라면 어떻게 해야 합니까?"

맞는 말이다. 세일즈포슨 베이 지역과 스타트업 업계에선 이미 잘 알려진 회사였다. 하지만 우리가 2003년에 포춘 5000대기업들을 타겟으로 아웃바운드 영업팀을 막 구축할 당시에는 캘리포니아 밖의 대기업 중 세일즈포스를 아는 회사가 거의 없었다. 우리가 잠재 고객에게 연락할 때 열 번 중 아홉 번은 이렇게 물었다. "당신들 회사는 영업 대행업체인가요? 아니면 영업직 인재를 채용해 주는 회사인가요?"

나는 셸리 대븐포트(Shelly Davenport, 당시 나의 매니저)와 함께 매우 흥미로운 도전을 마주했다. 그것은 마케팅 예산이나 지원이 전혀 없는 상황에서, 게다가 포춘 5000 시장에서 완전히 무명에 가까운 상태였던 우리 회사를 위해 효과적인 아웃바운드 영업 프로세스를 만드는 일이었다.

당시는 닷컴버블 붕괴 직후였기 때문에, ".com"으로 끝나는 모든 것에 대한 신뢰는 역사상 최저 수준이었다.

또한, 당시에는 SaaS(서비스형 소프트웨어) 방식이 아직 대기업에서 받아들여지지 않고 있었다. 유명한 기술 리서치 회사인 가트너(Gartner)는 세일즈포스가 중소기업에는 적합하지만, 대기업에는 적합하지 않다는 보고서를 발표하던 시기였다.

세일즈포스가 수백만 달러를 일반 마케팅에 사용하기는 했지만, 대부분의 마케팅 메시지는 중소기업의 의사결정자들에게만 전달되고 있었다.

우리 아웃바운드 영업팀을 처음 시작할 때 나의 프로젝트는 내 월급 이외의 어떤 예산도 없었다. 돌이켜보면, 만약 나에게 큰 예산이나 많은 인력이 주어졌다면 아마 나는 '어떻게 예측 가능한 파이프라인을 만들 수 있을까'라는 문제를 창의적으로 해결하도록 강제되지 않았을 것이다.

우리가 가진 것은 다음과 같았다.

- 이 과제에 25%가 아니라 100% 전념할 수 있는 완전히 몰입된 사람 (나 자신)
- 두 가지 핵심 도구: 세일즈포스 소프트웨어와 기업 및 연락처 정보를 얻을 수 있는 온라인 플랫폼인 OneSource (Hoovers와 유사)

- 내부 기업가, 일종의 '미니 CEO'로서 3개월 동안 마음껏 실험할 수 있는 자유
- 이 과제를 흥미롭고 즐겁게 해결할 수 있다고 믿는 긍정적인 태도
- 회사에 실질적인 성과를 가져다주는 무언가를 만들어내겠다는 명확한 목표와 의지

핵심은 자원이 부족할 때 명확한 목표를 갖고 이 상황을 재미있는 도전으로 바라본다면, 당신과 직원들은 창의력을 발휘할 수밖에 없다는 점이다.

제약이 있을 때 오히려 당신과 직원들은 더 창의적으로 변한다.

'현실'이라는 이름의 핑계에 당신의 발목을 잡히지 마라!

2장

콜드콜 2.0: 전화 없이 영업 속도를 높이다
Cold Calling 2.0: Ramp Sales Fast Without Cold Calls

콜드 콜은 정말 끔찍한 일이다! 더 좋은 방법은 없을까? 물론 있다. 지금부터 그 방법을 알려주겠다.

최초의 돌파구

나는 '콜드콜 2.0'이라는 용어를 사용할지 말지에 대해 오랫동안 고민했다. 사실 이 방식에는 실제 콜드콜이 전혀 포함되지 않기 때문이다. 다시 말해, 당신이 아직도 콜드콜을 하고 있다면 모든 걸 잘못하고 있는 것이다.

콜드콜 2.0이란 전혀 콜드콜을 쓰지 않고 '콜드 기업'(아직 접촉하거나 관계가 없는 기업)을 대상으로 신규 비즈니스 기회를 만들어내는 것이다. 내가 정의하는 콜드콜이란, "당신을 전혀 모르고, 전화를 기다리지도 않는 사람에게 무작정 전화를 거는 것"이다. 솔직히 이런 전화는 전화를 거는 사람도 받는 사람도 모두 즐겁지 않다. 그렇지 않은가?

콜드콜 2.0은 신규 파이프라인과 리드를 예측 가능하게 생성할 수 있는 명확한 프로세스와 시스템이 있다는 의미이기도 하다. 즉, 조직이 특정한 'X 노력'이 정확히 'Y 결과'로 이어진다는 걸 명확하게 이해한다는 뜻이다. 올바르게 수행하면 콜드콜 2.0은 Salesforce, WPromote, Responsys, Acquia 같은 기업에서 증명된 것처럼 회사 내에서 가장 예측 가능하고 효과적인 파이프라인 창출 수단이 될 수 있다.

콜드콜 2.0은 많은 단계가 있는 시스템이지만, 최초의 돌파구는 아주 작은 시도로부터 시작되었다.

2003년 초반, 나는 일반적인 콜드콜 방식을 시험하며 효과가 있는지 알아보기 위해 하루 종일 전화를 돌렸다. 결과는 실망스러웠다. 콜드콜로 한 달에 고작 2건 정도의 매우 양질의 영업기회를 만들어낼 수 있었다. 여기서 '양질'이란 말을 강조하는 이유는 대부분의 아웃바운드 영업팀이 실적을 부풀리

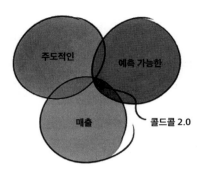

주도적인 / 예측 가능한 / 매출 - 의 교차점: 콜드콜 2.0

기 위해, 제대로 검증되지 않은 미팅이나 데모 약속을 마구잡이로 영업팀에 넘기는 일이 흔하기 때문이다. 내가 말하는 '양질'이란 진짜 제대로 된 기회를 뜻한다.

다시 2003년 3월로 돌아가 보자. 나의 목표는 한 달에 최소 8건 이상의 매우 양질의 영업 기회를 만드는 것이었다. 하지만 콜드콜로는 겨우 2건이었다. 이대로는 불가능했다. 결과를 네 배로 늘리려면 어떻게 해야 할까?

첫 번째 돌파구 (#1)

조직 규모가 큰 기업을 공략할 때 가장 큰 병목은 의사결정자나 주요 담당자에게 연락을 취하는 일이 아니라, 그런 담당자가 누구인지 '찾는' 일이었다.

대부분의 경우 궁극적인 의사결정권자 — 예를 들어 CEO 또는 세일즈포스의 경우엔 세일즈 VP — 는 첫 번째 대화 상대자로 적합하지 않다. 또한 대기업에는 '영업'이나 '마케팅'이라는 단어가 들어간 직함을 가진 사람이 너무 많아서, 외부에서 보면 누가 정확히 어떤 역할을 맡고 있는지 구분하기 어렵다.

44

나는 콜드콜과 이메일을 수도 없이 보내며, 누구와 연락해야 하는지 찾는 데만 엄청난 시간을 쏟았다는 걸 깨달았다. 상대를 찾는 데 대부분의 시간을 허비했고, 정작 영업이나 고객 검증에는 시간을 제대로 쓰지 못했던 것이다.

하지만 일단 올바른 담당자를 찾기만 하면 대부분은 생산적인 대화를 나눌 수 있었다. 문제는 Fortune 5000과 같은 거대한 조직에서 그런 사람을 찾는 데 너무나 많은 시간이 걸린다는 점이었다.

절망적인 상황에서 실험을 시도하다

나는 항상 대량 이메일을 보내는 건 효과가 없을 거라 생각했다. 이메일은 항상 개인에게 맞춰 정성껏 써야 하지 않을까?

그래서 나는 하나의 전형적인 콜드콜 이메일을 작성했다. "혹시 X, Y, Z와 같은 어려움을 겪고 계신가요?"

동시에 전혀 다른 스타일의 이메일을 하나 더 작성했다. 아주 짧고 간결하게, HTML 형식 없이, 그냥 조직 내에 가장 적합한 사람을 소개해달라는 내용이었다. (이메일 템플릿을 이 책에 넣지 않은 이유는 이후 이메일에 대한 장에서 설명하겠다.)

여기서 얻은 교훈은 두 가지였다. (a) 아무것도 당연하게 가정하지 말 것. (b) 무엇이든 실험해 볼 것.

금요일 오후에 나는 세일즈포스 이름으로 두 가지 대량 이메일을 보냈다. Fortune 5000 기업 임원들에게 전형적인 '영업용 이메일' 100통, 그리고 같은 그룹에게 짧고 간결한 '소개 요청 이메일' 100통이었다.

다음 날 아침 이메일을 확인하자, 놀랍게도 총 200통의 이메일 중 10통이나 답장이 와 있었다! 다시 강조하지만, 이 답장은 내가 꼭 만나고 싶었던 대기업의 C레벨과 VP급 임원들이 보낸 것이었다.

'전형적인 영업 이메일'의 응답률은 0%였고, '짧고 간결한 이메일'의 응답률은 10%였다!

특히 짧고 간결한 이메일을 받은 응답자 중 최소 5명은 매우 긍정적인 반응을 보이며, 사내에서 영업 자동화 관련 업무에 가장 적합한 담당자를 소개해 주었다.

두 번째 돌파구 (#2)

Fortune 5000의 최고위 임원들에게 특정 방식의 이메일을 보내면 9% 이상의 높은 응답률을 기록할 수 있다는 사실이었다. 이후로도 수년간, 내가 컨설팅하는 고객사에서도 고위 임원 대상 이메일 응답률은 7~9% 이상으로 꾸준히 유지됐다.

성과 500% 증가

그로부터 한 달 뒤인 2003년 4월, 내 성과는 500% 성장했고, 실제 영업이 진행될 만큼 양질의 영업 기회를 11건이나 창출했다. (이러한 기회 증가는 곧 동일한 비율의 매출 증가로도 이어졌다.)

이것이 콜드콜 2.0 프로세스의 결정적 전환점이었다. 즉, 고위 임원들에게 대량 이메일을 보내 '회사 내 가장 적합한 담당자'를 소개받아 영업의 첫 대화를 시작하는 방식이었다.

대량 발송과 고속 성장의 복잡성

한 사람이 이메일을 보내 일주일 또는 한 달 내에 응답을 얻어내는 것과, 그 사람이 속한 팀 전체가 해마다 지속적이고 안정적으로 영업 기회를 만들어내는 것은 완전히 다른 차원의 문제다. 첫 번째 이메일 캠페인은 앞으로 펼쳐질 긴 여정의 작은 첫걸음일 뿐이다. 이 책(그리고 책 밖의 다른 자료들)에 담긴 콜드콜 2.0의 핵심은 어떤 영업사원이든, 어떤 규모의 팀이든 장기간에 걸쳐 꾸준히 예측 가능한 성과를 내는 시스템을 만드는 데 있다.

주요 용어 정리

영업 분야에서는 다양한 용어들이 사용된다. 이 책에서 주로 사용하는 용어와 그 의미는 다음과 같다.

- SDR (Sales Development Representative): '콜드콜 2.0' 방식으로 일하는 아웃바운드 영업 담당자. 이들은 철저히 아웃바운드 리드를 생성하는 역할만 전문적으로 수행하며, 거래를 성사시키거나 웹사이트를 통해 들어오는 인바운드 리드를 검증하지 않는다.
- 아웃바운드 영업 담당자(Outbound Sales Rep): SDR을 다르게 부르는 표현이다.
- AE (Account Executive, 고객 담당자): 할당된 영업 목표를 책임지는 영업사원으로, 내부 영업팀(Inside Sales)일 수도 있고 현장 영업(Field Sales)일 수도 있다.
- MRR (Market Response Rep, 마켓 리스폰스 담당자): 웹사이트를 통해 들어오는 리드만 검증하고 관리하는 내부 영업 담당자이다.

- SFA (Sales Force Automation, 영업지원시스템): 영업팀이 모든 연락처와 고객 계정을 관리하고, 영업 프로세스를 자동화하며, 영업 성과를 분석할 수 있도록 지원하는 소프트웨어 또는 인터넷 기반 서비스다.
- CRM (Customer Relationship Management, 고객관계관리): 보통 영업 자동화(SFA) 기능을 포함하며, 추가로 마케팅과 고객 서비스를 위한 기능도 제공하는 소프트웨어 또는 인터넷 기반 서비스다. 기업과 고객 간의 모든 주요 접점을 단일 시스템에서 통합적으로 관리할 수 있다.

회사 내부에서는 이러한 용어나 역할에 대한 오해로 인해 경영진과 실무진 사이에 혼선이 생기기 쉽다. 따라서 모든 구성원이 합의하고 명확히 이해할 수 있는 공통의 용어 정리가 반드시 필요하다.

전통적 콜 영업의 종말

왜 기존 방식은 더 이상 효과적이지 않은가?

콜드콜이나 전통적인 영업 이메일이 가끔 효과를 볼 때도 있긴 하지만, 점점 드물어지고 있다. 시장에는 잠재고객 발굴(prospecting)의 본질과 효과를 바꿔버린 세 가지 큰 변화가 있었다.

1. **구매자들은 '영업당하는 것'에 질렸다.**
   이들은 과도하게 밀어붙이는 콜드콜이나 일반적인 마케팅

자료처럼 전통적인 영업·마케팅 방식에 점점 더 강하게 저항하고 있다.

2. 세일즈 2.0 기술의 등장 (CRM 및 영업 2.0 앱)

최신 CRM 시스템과 세일즈 2.0 도구 덕분에, 이제는 잠재고객 발굴 방법을 도입하고, 실행하며, 투자수익률(ROI)을 분석하는 과정에서 더 이상 감으로 일하지 않아도 된다.

3. 마케팅 예산에 대한 책임성 증가

리드 생성과 마케팅 예산이 실제로 매출에 기여했다는 입증된 결과를 보여줘야 하는 압력이 계속 커지고 있다. 모든 프로젝트는 철저히 분석된다. 'ROI는 얼마인가?', '어떻게 그것을 증명할 수 있는가?' 경영진은 실제 매출로 이어졌다는 증거를 원한다. 기존 콜드콜 프로그램을 제대로 측정해 본 적이 있는가? 대부분 콜드콜은 '활동량' 자체는 많지만 실제로 만들어내는 매출은 형편없다. 그래서 요즘 경영진은 이런 방식을 점점 부정적으로 보고 있다.

콜드 콜 2.0은 무엇이 다른가?

나는 '콜드콜'을 이렇게 정의한다.

> "당신을 전혀 모르며 당신의 전화를 기다리지 않는 사람에게 전화를 거는 것."

반면 콜드콜 2.0은 전혀 콜드콜을 걸지 않고 '콜드 기업'을 대상으로 잠재고객을 발굴하는 방식을 의미한다. 더 중요한 것은, 내부의 세일즈 디벨롭먼트팀(SDR)이 시스템적으로 대량의 잠재고객 발굴 활동을 하면, 콜드콜 2.0은 회사에서 가장 예측 가능하고 지속 가능한 파이프라인 생성 엔진(그리고 매출 성장 동력)이 될 수 있다는 점이다.

콜드콜 2.0 팀을 성공적으로 만드는 세 가지 핵심 원칙:

1. **콜드콜 금지!**

   더 이상 상대방을 전화로 갑자기 놀라게 하거나, 비서들을 설득하려 하지 말고 새로운 방법으로 콜드 기업에 접근하라. 예를 들어, 간단한 이메일로 소개를 받아 적합한 담당자를 찾으면, 그 담당자는 당신의 연락을 예상하고 때로는 반갑게 맞이할 것이다.

2. **'활동량'이 아닌 '성과'에 집중하라!**

   하루에 몇 통의 전화와 다이얼을 했는지, 혹은 얼마나 많은 약속을 잡았는지 같은 활동량 지표는 크게 중요하지 않다. 대신, 하루 또는 일주일당 '잠재고객 검증을 위한 통화 횟수', 한 달간 창출된 '검증된 신규 영업기회 수' 같은 실제 성과 중심의 지표를 추적하라. 전화 횟수나 다이얼 수는 보통 신규 직원의 파이프라인 구축 기간에만 교육 목적으로 관리하면 된다.

3. **모든 것을 시스템과 프로세스로 운영하라!**
   여기에는 관리 방식, 채용, 교육은 물론이고 실제 잠재고객 발굴 프로세스까지 포함된다. 이렇게 반복 가능성과 일관성을 중시하면, 신규 영업담당자(SDR)가 만들어낼 수 있는 파이프라인과 매출 증가가 매우 예측 가능해지고, 팀 전체의 성과도 지속 가능한 수준으로 높아진다.

당신은 반드시 시간을 내서 이런 '급하지 않지만 중요한' 업무에 집중해야 한다. 이것은 마치 건강한 식습관을 유지하고 몸에 나쁜 음식을 멀리하는 것과 같다. 이 원칙을 지키기 위해선 자기 관리와 헌신이 필요하다. 만약 당신이 '너무 바빠서 아무 일도 제대로 못 하는' 함정에 빠진다면, 앞으로 성공의 기반을 구축하는 데 심각한 어려움을 겪게 될 것이다.

세일즈포스의 콜드콜 2.0 이야기

2002년 당시, 세일즈포스는 약 2,500만 달러의 매출을 기록하고 있었고, 대기업 고객을 타겟으로 하는 현장 영업 조직을 막 구축하기 시작했다. 세일즈포스는 입소문이나 PR 활동으로 생성되는 인바운드 리드를 보완하기 위해, 현장 영업팀이 직접 잠재고객을 발굴해서 대형 거래를 성사시킬 것으로 기대하고 있었다. 하지만 현실에서는 잠재고객 발굴이 거의 이뤄지지 않았다.

.com 경영진은 현장 영업사원들이 콜드콜을 극도로 싫어해서 전화를 거의 걸지 않았을 뿐 아니라, 직접 잠재고객 발굴을 시도한 소수의 영업사원들조차 성과가 매우 저조하다는 것을 깨달았다.

이미 영업 환경은 변했고, 1990년대에 효과적이던 기존의 잠재고객 발굴 방법은 더 이상 통하지 않았다. 콜드콜이 효과가 없는 건 물론이고, 비즈니스 서적 같은 고가 상품을 제공하는 타겟 마케팅 프로그램의 결과 역시 실망스러웠다.

현장 영업사원에게 콜드콜을 시킨다는 것은 회사에서 가장 높은 비용(시간당 인건비)이 드는 인력에게 가장 낮은 가치(시간당 생산성)의 일을 시키는 것이었다.

결국 회사는 통제 가능하고 예측 가능한 신규 파이프라인 창출 방법이 필요하다는 결론을 내렸다.

이것이 바로 우리가 '콜드콜 2.0' 프로젝트를 시작한 이유다. 본격적으로 팀을 확장하기 전에, 우리는 약 1년 동안 방법론과 시스템을 철저히 테스트하고 완성도를 높이면서, 높은 ROI를 가진 안정적이고 추가적인 매출 창출이 가능하다는 것을 증명해야 했다.

왜 우리는 프로세스를 1년이나 다듬고 테스트했을까?

내가 성공적으로 첫 번째 양질의 신규 영업기회를 만들어내는 데까지 4개월이 걸렸지만, 경영진은 대규모 투자를 결정하기 전에 다음 두 가지를 확인하고자 했다.

- 생성된 영업기회가 실제 매출로 연결되는가? 즉, 계약이 정말 성사될 것인가?
- 이 방식이 주니어급 영업사원들에게도 적용 가능한가? 즉, 확장이 가능한가?

우리는 주니어 영업사원 한 명을 승진시켜 두 번째 멤버로 합류시켰다. 내가 그를 훈련시켰고, 그는 곧 내가 만들어낸 것과 같은 뛰어난 성과를 내기 시작했다. 이후 8개월 동안 동일한 결과가 계속해서 반복되었다.

그리고 8개월 뒤 우리는 목표한 결과를 얻었다는 확신을 가지게 되었다. 그 결과, 2003년 말이 되었을 때 우리의 성과는 크게 증가했다. 그 시점까지의 성과를 통해 우리는 그 질문에 대한 확실한 답을 찾았다.

- 연간 신규 영업 기회를 만들어내는 데 성공한 후, 그 기회들은 실제 계약으로 이어졌다.
- 주니어 직원들 역시 같은 성과를 낼 수 있었고, 이는 충분히 확장 가능했다.

우리는 첫 달 이후로 꾸준히 새로운 성과를 만들어냈고, 그로부터 1개월 후인 2003년 4월, 우리의 영업 기회는 500%나 증가했다. 결국, 그 이후 8개월 동안 우리가 창출한 파이프라인은 안정적으로 증가했고, 곧 실제 매출 증가로 이어졌다.

이런 성공을 목격한 경영진은 곧바로 콜드콜 2.0 팀을 단 6개월 만에 2명에서 12명으로 늘렸다.

세일즈포스 자체 소프트웨어는 우리가 가진 큰 강점 중 하나였다. 우리는 세일즈포스의 애플리케이션 없이는 이 같은 결과를 결코 만들어내지 못했을 것이다. 당시 전통적인 영업 소프트웨어(예: Siebel, SAP, Oracle, 등)는 우리의 성과를 제한했을 것이다. 당시 일반적으로 사용되던 영업 소프트웨어는 우리가 6명, 12명, 20명으로 급성장하는 영업팀의 요구를 따라잡지 못했다.

몇 가지 심각한 장애물(자세한 내용은 아래에서 다룬다)이 있었음에도 불구하고, 결과는 빠르게 나타나기 시작했다.

심각했던 콜드콜 2.0 도전 과제들

당신은 아마 우리의 고객 발굴이 "쉽게" 이루어졌다고 생각할 지도 모른다. 그러나 현실은 달랐다. 실제로 세일즈포스는 다음과 같은 심각한 장애물을 마주하고 있었다.

2000년대 초중반 당시 세일즈포스는 대부분의 기업들에게 생소하거나 오해받는 회사였다. 사람들은 세일즈포스스라는 이름을 들으면 보통 "영업 아웃소싱 회사 아니에요?"라고 되물었다.

당시 세일즈포스는 SaaS라는 개념을 개척 중이었는데, SaaS는 당시 대기업에서 아직 받아들이지 않은 개념이었다. 실제로 세계적인 기술 리서치 기관인 가트너조차 세일즈포스가 소규모 기업에게만 적합하고 대기업에는 부적합하다고 평가하던 시기였다.

당시의 나는 영업 업무 경험이 전무했기 때문에 오히려 선입견 없이 새로운 시각으로 프로세스를 만들 수 있었다. 기존의 영업 방식을 모른다는 것이 오히려 나에게 유리하게 작용했다.

모든 것이 우리를 방해하는 상황이었지만, 우리는 포기하지 않았다. 경영진은 내가 제대로 작동하는 프로세스를 만들어낼 때까지 실험할 충분한 시간(4개월)을 주었다.

당신도 혹시 어떤 핑계를 대며 당신이 해야 할 일을 하지 않고 있는가? 우리처럼 실험을 멈추지 않고 끊임없이 시도하고 있는가? 진짜 성공은 심각한 장애물을 극복한 후 찾아오는 법이다.

콜드 콜 1.0 vs 콜드 콜 2.0

아래는 시장의 다양한 변화가 영업 방식에 미친 영향을 바탕으로, 콜드콜 1.0과 콜드콜 2.0의 차이를 구체적으로 비교한 내용이다.

1. **존중받는 전문가로서 SDR을 육성하라.** 전통적으로 영업 개발(Sales Development)은 조직에서 낮은 수준의 역할로 취급받아 왔다. 만약 이 직무를 낮게 평가한다면, 그에 걸맞은 낮은 수준의 성과밖에 얻지 못할 것이다. SDR의 역할을 존중하고, 그들이 전문가로 성장하도록 충분히 지원해야 한다. 교육과 역량 개발에 아낌없이 투자하고, 팀의 중요성을 강조하라.

2. **콜드콜 전에 고객 및 담당자를 미리 검증하라.** 콜드콜 1.0은 무작위로 산업별 목록을 뽑아 아무런 사전 검증 없이 이메일이나 전화를 거는 방식이었다. 잠재 고객으로서의 가능성이 거의 없는 기업에 무작정 접근하는 것이 SDR과 기업의 가장 흔한 시간 낭비 중 하나다. 진정한 이상적인 고객 프로필(Ideal

Customer Profile)을 정의하고, 현재 리스트에서 상위 20%의 고객만 타겟으로 삼아 엄격히 관리하라.

3. **판매 목적이 아닌 '조사 목적'의 전화를 하라.** 직접 전화를 걸 때도 콜드콜이 아니라 '리서치콜'을 하라. 그 목적 자체가 달라진다. 전화를 통해 즉시 의사결정권자와 연결되려는 것이 아니라, 상대방 회사에 대해 배우고, 우리 회사가 그들과 맞는지 아닌지를 조사하는 것이다. 목표가 달라지면 거부감 없이 자연스럽고 생산적인 대화가 가능하다.

4. **모바일 환경에 최적화된 이메일을 보내라.** 아무도 읽지 않는 긴 이메일을 보내지 마라. 이메일은 짧고 간결해야 하며, 모바일 환경에서도 쉽게 읽을 수 있어야 한다. 솔직하게 질문하고, 무엇을 원하는지 명확히 표현하라.

5. **첨단 도구로 프로세스를 보완하라.** 세일즈 프로세스를 개선하는 데 도움을 주는 최신 도구들을 적극적으로 활용하라. 데이터 중복 제거, 데이터 정리, 잠재 고객 정보 확보, 또는 잠재 고객이 우리 웹사이트를 방문했는지 알려주는 도구 등 수많은 유용한 애플리케이션들이 존재한다. 과거와 달리, 이제는 프로세스의 모든 단계를 보완할 수 있는 풍부한 옵션들이 있으며, 이를 적극적으로 도입하고 통합해 효율성을 극대화해야 한다. (옵션이 너무 많아서 혼란스러울 수도 있으니, 항상 핵심 목표와 필요성을 명확히 유지하라.)

콜드콜 2.0, 우리 회사도 가능할까?

1. 새로운 고객을 찾는 과정에 인력이 투입되는가?
2. 당신의 고객 한 명당 발생하는 매출이 최소 5,000달러 이상 인가? (5,000달러 미만이어도 가능하지만, 수익성을 높이기는 더 어려울 것이다.)

	콜드콜 1.0	콜드콜 2.0
영업방식	모든 영업사원이 잠재고객 발굴	전문화된 잠재고객 발굴팀 운영
태도	"무조건 성사시켜라 (Always Be Closing)"	"서로 적합한지 확인 (Is there a mutual fit?)"
성과측정	활동량 측정 (하루 통화 횟수 등)	성과(검증된 리드) 측정
방식	콜드콜(Cold Calls)	조사(research), 소개(referral) 통화
영업 기법	조작적(manipulative) 영업 기법	진정성(authentic)과 정직함(integrity)
직무에 대한 인식	"이 일 정말 싫다(I hate this job)"	"나는 가치 있는 기술을 배우고 있다"
이메일 방식	긴 편지나 이메일	짧고 간결한 이메일
영업 시스템	시스템이 생산성을 떨어뜨림	시스템이 생산성을 높여줌

이 두 가지 조건을 만족한다면 당신이 제품을 판매하든 서비스를 제공하든, 콜드콜 2.0을 성공적으로 도입할 수 있다.

세일즈포스에서 얻었던 우리의 성과는 결코 특이한 사례가 아니다. 예를 들어, 내 파트너였던 에리티언 마틴(Erythean Martin)과 내가 처음 이 시스템을 적용했던 회사는 Responsys였다.

그들은 시스템을 도입한 후 단 4개월 만에 SDR당 생성되는 파이프라인이 300% 증가했고, 콜드콜 2.0은 Responsys에서 가장 효과적이고 예측 가능한 신규 영업기회 창출 방식이 되었다.

콜드콜 2.0 프로세스는 컨설팅 및 서비스 회사에서도 효과가 있지만, 좀 더 까다롭다. 전문 서비스 회사는 보통 구체적인 혜택보다는 브랜드와 관계 기반으로 사업을 해왔기 때문이다. 따라서 서비스 회사가 콜드콜 2.0을 효과적으로 활용하기 위해서는 추가적으로 이상적인 고객 프로필과 그들의 문제를 명확히 이해하는 데 더 많은 시간을 투자해야 한다. 물론 이 과정은 콜드콜 2.0뿐 아니라 어떤 리드 획득 방식에서도 필수적인 요소다.

결국, CEO와 경영진이 콜드콜에 대한 과거의 편견을 버리고, 이 새로운 프로세스를 따르겠다는 강력한 의지와 결단력만 있다면, 콜드콜 2.0은 반드시 성공할 수 있다.

왜 고객 담당자(AE)는 콜드콜을 하면 안 되는가?

고객 담당자(Account Executive, AE)가 신규 고객을 발굴하는 업무까지 담당하도록 기대하는 데에는 세 가지 큰 문제가 있다.

1. AE는 그런 일을 좋아하지 않는다.
2. AE는 보통 그런 일을 잘하지 못한다(심지어 아주 못하는 경우도 많다).
3. 회사에서 가장 비싼 인력을 낮은 가치의 업무에 투입하는 것은 자원 낭비다.

AE가 직접 잠재고객 발굴을 해야 하는 상황과 시기

고객 담당자(AE)가 소중한 시간을 잠재고객 발굴에 써야 하는 경우는 다음과 같다.

꼭 성사시키고 싶은 핵심 고객이나 파트너사의 짧고 명확한 리스트(Top 5~25개)를 관리할 때.

현재의 고객 기반에서 추가적인 기회를 발굴할 때.

핵심은 회사 내에서 가장 높은 가치를 창출하는 AE가 '낮은 빈도수(low-volume)이지만 높은 가치(high-value)'의 활동에 집중하도록 하고, 비교적 낮은 가치지만 많은 빈도를 요구하는 활동(무작위의 신규 잠재 고객 발굴)은 별도의 전문화된 담당자(SDR)에게 맡겨야 한다는 것이다.

사례 연구.

Predictable Revenue*가 Acquia의
1억 달러 매출 달성을 어떻게 도왔는가?

북미에서 가장 빠르게 성장하는 소프트웨어 기업이 되려면 무엇이 필요할까? 답은 간단하다. 필요한 모든 양질의 리드를 충분히 창출할 수 있어야 한다. 예측 가능하고 확장 가능한 리드 제너레이션(잠재고객 발굴)은 곧 예측 가능한 매출과 성장을 의미하기 때문이다. 이 사례는 『Predictable Revenue』의 후속작인 『From Impossible To Inevitable』에서 발췌한 내용이다.

Acquia 소개
Acquia는 뉴잉글랜드에 본사를 둔 소프트웨어 회사로, 오픈 소스 웹 협업 및 퍼블리싱 플랫폼인 Drupal을 사용하는 기업들에게 제품과 서비스, 기술 지원을 제공한다. 웹 2.0의 폭발적인 성장과 함께 Drupal이 전 세계 수백만 개의 웹사이트(세계에서 가장 큰 웹사이트를 포함)의 주요 플랫폼으로 급부상하면서 Acquia도 빠르게 성장했다. 2007년 창업 후 불과 5년 만에, Acquia는 Inc. 매거진 선정 500대 기업 중 8위, 소프트웨어 부문 1위, 보스턴 기업 부문 8위에 올랐다.

팀 버트란드(Tim Bertrand)의 깨달음

2012년까지 Acquia는 이미 엄청난 성장을 이루었지만, 경영진은 더 공격적으로 1억 달러 이상의 매출을 목표로 IPO까지 계획하고 있었다. 그러나 그러한 목표를 이루기 위해서는 기존의 인바운드 리드나 파트너를 통한 매출에만 의존할 수 없다는 것을 깨달았다.

바로 그 시점인 2012년 봄, Acquia의 글로벌 세일즈 VP인 팀 버트란드는 Predictable Revenue의 개념을 발견하게 되었다. 그는 데이비드 스콕(David Skok)이 쓴 아론 로스(Aaron Ross)와의 인터뷰 기사인 「영업사원이 직접 잠재고객 발굴을 하면 안 되는 이유」를 읽고 Predictable Revenue 방식에 깊은 인상을 받았다.

이 글은 전담 아웃바운드 영업팀이 매달 예측 가능하게 신규 리드를 창출하여 회사가 원하는 만큼 영업 성장을 조절할 수 있다는 점을 명확히 설명하고 있었다. (세일즈포스가 2003년

★　여기서 Predictable Revenue는 책의 제목보다 저자가 운영하는 동명의 기업을 의미하는 것으로 해석하는 것이 더 자연스럽다.

에 1억 달러 미만의 매출과 300명 규모였던 시절 이미 성공적으로 증명한 방식이다.)

이 책을 읽고 팀은 즉시 생각했다. '저자가 혹시 개별적으로 트레이닝을 해줄 수 있을까?'

팀과 그의 영업 리더십팀(내부 영업 VP 마이크 스탠커스(Mike Stankus), 디렉터 제프 스미스(Jeff Smith)를 포함)은 즉각 행동으로 옮겼다. 불과 37일 만에 경영진의 동의를 얻어 아웃바운드 영업 전략을 수립했고, 첫 3명의 프로스펙터(prospector)를 채용했으며, 아론 로스를 직접 초빙하여 팀 구축과 교육을 진행했다.

성과: 첫 120일간의 결과

처음 30일 동안 새로운 프로스펙터들은 대부분 기본적인 준비 작업을 했다.

- Acquia의 제품과 시장에 대한 학습
- Predictable Revenue의 콜드콜 2.0 온라인 자료 학습
- 기존 영업사원 업무 참관(shadowing)
- 이메일 및 IT 계정 세팅, 세일즈포스 사용법 습득
- Predictable Revenue의 첫 단계 마일스톤 완료: 아웃바운드 이메일 200건 발송, 전화 통화 20건 완료, 이상적 아웃바운드 고객 프로필(Ideal Outbound Customer Profile) 작성 (일반적인 이상적 고객 프로필과는 다름), 초기 잠재고객 리스트 작성

이렇게 완전히 처음부터 시작했음에도 불구하고, 3명의 프로스펙터들은 단 4개월 내에 무려 100만 달러에 달하는 신규 파

이프라인(검증된 영업기회(Sales Qualified Lead))을 창출했다. 검증된 영업기회(Sales Qualified Lead)란, 프로스펙터가 영업 담당자(AE)에게 전달한 리드 중 데모나 디스커버리 콜을 통해 검증되어 영업 기회로 확정된 리드를 의미한다.

성과: 1년 후의 측정 결과

- 신규로 창출된 검증된 영업기회(세일즈 파이프라인)는 600만 달러 이상
- 첫 18개월간 생성한 파이프라인 중 300만 달러의 매출을 이미 달성 (이제 시스템이 자리를 잡았으므로, 이후에는 더 빠르게 증가할 예정)
- 프로스펙터 팀을 미국과 영국에서 총 3명에서 25명으로 확장 (관리 조직도 확대하여 미국에는 톰 머독(Tom Murdock), 영국에는 톰 케인(Tom Cain) 채용)
- 현재 각 프로스펙터 1명당 평균 연 200만 달러의 파이프라인 생성 (즉 분기당 약 1,200~1,500만 달러의 검증된 영업기회)
- 전체 신규 영업기회 중 프로스펙팅이 차지하는 비율이 0%에서 전체 신규 영업 파이프라인의 40%까지 증가

이러한 성과는 Predictable Revenue 방식이 Acquia 같은 회사에서도 매우 빠르고 성공적으로 작동할 수 있다는 것을 입증한 사례다.

1억 달러 달성, 가능성의 문제가 아니라 시간의 문제다.

프로스펙팅 팀을 만든 지 단 1년 만에 Acquia의 신규 영업기회는 75% 증가했다. 앞으로 몇 년 동안 이 아웃바운드 팀이 상

당한 추가 매출을 만들어낼 것이 분명했고, Acquia는 예정보다 더 빠르게 총 매출 1억 달러 목표를 돌파할 수 있게 되었다. Acquia가 프로스펙터에게 기대하는 목표는 다음과 같다.

- 월 300~500건의 아웃바운드 이메일 발송
- 월 100회의 짧은 대화(quick conversations) 전화 연결
- 월 20회의 긴 디스커버리 콜(Discovery Call) 진행(의사결정권자 및 영향력 있는 인물과)
- 월 15건의 검증된 영업기회(SQL)를 영업 담당자에게 전달 및 승인

이러한 활동을 통해 얻을 수 있는 파이프라인 및 매출은 다음과 같다.

- 아웃바운드 영업 기회의 평균 거래 규모는 연간 반복 매출(ARR) 5만 달러
- 월 15개의 SQL은 월 75만 달러의 신규 파이프라인을 생성 (표준 목표인 월 8~12개보다 낮게 잡은 이유는 Acquia가 대형 고객을 타겟으로 하기 때문이다)
- 프로스펙터 1명당 매월 55,000~65,000달러의 ARR 예상 (즉 프로스펙터 한 명당 연간 ARR 72만 달러 창출)

계산해 보면, 20명의 프로스펙터가 연간 한 명당 평균 60만 달러의 ARR를 만들어낸다면 Acquia는 단기간 내에 약 6천만 달러의 추가 파이프라인과 연간 1,200~1,500만 달러의 ARR을 창출할 수 있다. 10배의 매출 가치 평가를 적용한다면, 이는

단 2.5년 내 투자자들에게 약 1억 2,000만~1억 5,000만 달러의 기업 가치를 추가로 제공하는 것이다.

윈윈하는 경력 관리 시스템

Acquia의 아웃바운드 프로그램을 성공적으로 만든 6가지 핵심 요소는 다음과 같다.

1. **최고 경영진의 전폭적 지원.**

   CEO가 영업조직을 '프로스펙터(잠재고객 발굴)'와 '클로저(계약 성사)'로 명확히 나누는 개념을 적극 지지했다. CEO의 전폭적 지지가 없었다면 성공하지 못했을 것이다.

2. **망설이지 않고 바로 실행에 옮겼다.**

   글로벌 영업 VP 팀 버트란드(Tim Bertrand)는 '왜 영업사원이 직접 잠재고객 발굴을 하면 안 되는가(Why Salespeople Shouldn't Prospect)'라는 글을 읽은 후 불과 37일 만에 경영진의 동의, 첫 프로스펙터 채용 승인, Predictable Revenue Inc.와의 컨설팅 계약 체결까지 모두 완료했다. 나머지 세부 사항은 실행 중에 정리했다. 실행이 빠를수록 성과도 빨라졌다.

3. **영업팀과 프로스펙터가 새로운 아이디어에 적극적이었다.**

   특히 기존 인바운드 리드가 지역별로 고르게 배분되지 않는 새로운 지역기반 모델(territory-based model)로 전환하며, 지속적으로 안정된 신규 리드가 필요했기 때문에 프로스펙터들은 이 방식을 적극적으로 받아들였다.

4. 탁월한 전문 프로스펙터 3명을 처음부터 고용했다.

Acquia는 처음부터 미국에서 2명, 영국에서 1명의 전문 프로스펙터를 고용했고, 이들의 역할을 철저히 '잠재고객 발굴'로 한정했다. 이들은 거래 성사, 인바운드 리드 관리, 마케팅 행사 초대 등을 전혀 하지 않고 오직 Predictable Revenue 방식으로 신규 고객만 발굴했다. 뛰어난 인력 덕분에 모든 과정이 더 빠르고 효율적으로 진행됐다.

5. 처음부터 전문가를 영입했다.

과거에 성공적으로 수행한 경험이 있는 전문가를 초빙하여 불필요한 시행착오를 줄였다. 이들은 시간과 비용을 낭비하지 않고 무엇을 언제 해야 하는지 정확히 알고 있었다.

6. 더 큰 거래와 기회에 집중했다.

Acquia는 평균 거래 규모가 큰 편이었다. 프로스펙터 기반의 영업 방식에서는 더 큰 거래를 찾을수록 전체 매출이 빠르게 증가한다. Predictable Revenue에서는 보통 회사가 가진 고객 중 상위 10~20%의 평균 거래 규모를 기준으로, 아웃바운드 영업을 통해 집중할 고객을 선택하도록 추천한다.

3장

콜드콜 2.0 실행 로드맵
Executing Cold Calling 2.0

좋다, 그럼 이제 실제로 어떻게 해야 할까? 이 책이 모든 단계를
일일이 담은 상세 매뉴얼은 아니지만 스스로 시작할 수 있을 만큼
충분한 가이드를 제공할 것이다.

콜드콜 2.0, 어디서부터 시작할까?

다음 내용은 콜드콜 2.0 프로세스를 실제로 스스로 시작할 수 있도록 도와주는 구체적인 단계와 세부 사항을 담고 있다. 콜드콜 2.0 시스템을 도입하기 전에 다음 조건을 충족해야 한다.

- 최소 1명 이상의 프로스펙팅 전담 인력이 필요하다. 처음에는 파트타임도 가능하지만, 확실한 결과를 내려면 결국 전담 인력이 필수다.
- 엑셀, 화이트보드, 이메일 이상의 영업 관리 시스템(CRM)이 있어야 한다. 세일즈포스를 추천하지만, 최소한 기본적인 공유 가능한 영업 관리 시스템은 꼭 필요하다.
- 당신의 잠재 고객이 이메일을 사용하는 사람들이어야 한다.
- 이미 검증된 제품 또는 서비스가 존재하여 매출을 만들어낸 경험이 있어야 한다.
- 고객의 생애 가치(Lifetime Value)가 최소 1만 달러 이상이어야 가장 효과적이다. (이보다 낮아도 가능하지만, 수익성은 떨어질 수 있다.)*

당신만의 방식을 찾아서 실험하라

모든 회사와 영업사원은 다르다. 여기 제공하는 도구와 가이드는 실험하고 개인화할 수 있는 기초일 뿐이다. 실험 정신을 갖고 이 도구들을 활용해, 본인의 상황에서 가장 잘 맞는 방식

---

* 평생가치 : LTV (Life Time Value) - 고객이 서비스를 사용하면서 지불하는 비용의 총량 / 공급자 입장에서는 영업이익의 총량(제조업 경우)이나 매출의 총량(SaaS의 경우)으로 계산하는 경우가 많다.

을 찾아야 한다.

가장 중요한 첫 번째 단계

당신의 영업 조직을 진정한 영업 머신으로 변화시키고 싶다면, 가장 먼저 고객 담당자(AE)가 본연의 역할(영업 기회를 관리하고 계약을 성사시키는 일)에 집중할 수 있도록 만들어야 한다.

반면, 영업개발담당자(Sales Development Rep, SDR)는 AE를 위해 양질의 새로운 영업 기회를 만들어내는 일에만 집중한다.

첫 번째 단계로, 최소한 한 명이라도 좋으니 아웃바운드 프로스펙팅만 전담하는 역할을 만든다. 이 역할을 인바운드 리드 관리나 영업 성사 업무에서 완전히 분리하는 것이 중요하다.

이 책에서 여러 번 강조하지만, 역할을 전문화(Specialize)하라!

영업의 4가지 핵심 역할을 전문화하라

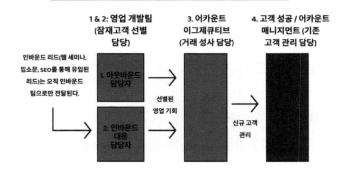

이를 통해 예측 가능하고 지속 가능한 신규 고객 파이프라인을 만들어낼 수 있다.

아래 두 가지 역할로 구분하여 운영하면 성과가 극대화된다.

1. **영업 개발 담당자 (Sales Development Rep, SDR)**

   영업 개발 담당자는 기존에 전혀 관계가 없거나, 현재 활동하지 않는 '콜드 기업'을 대상으로 새로운 영업 기회를 발굴하고 이를 실제 계약을 성사시키는 담당자(AE)에게 전달하는 역할을 한다. 과거에는 이들이 직접 콜드콜을 했지만, 이제는 훨씬 더 효과적인 다른 접근법을 사용한다. 이 팀은 현장 영업(field sales) 또는 텔레세일즈(telesales) 담당자의 담당 지역(territory)에 맞춰 조직화하여 영업팀과 긴밀한 협력을 유지하는 것이 중요하다.

일반적으로 한 명의 SDR은 2~5명의 AE를 지원할 수 있다. 거래 규모가 매우 크다면 SDR과 AE의 비율이 1:1 또는 2:1까지 낮아져도 충분히 높은 수익성을 낼 수 있다.

물론, 전담 영업 개발팀이 아웃바운드 영업 성과를 크게 개선할 수 있지만, 그렇다고 AE가 신규 영업 기회를 전혀 발굴하지 말라는 뜻은 아니다.

다만 AE는 직접 콜드콜을 하는 것이 아니라, 좀 더 가능성이 높은 다음과 같은 활동에 집중해야 한다.

- 핵심적으로 선정된 타겟 고객과의 관계 형성
- 기존 고객으로부터의 추가 영업 기회 발굴
- 과거 성사되지 않은 영업 기회의 재발굴

2. **마켓 리스폰스 담당자 (Market Response Rep, MRR)**

   마켓 리스폰스 담당자는 회사 웹사이트 또는 전화를 통해 들어오는 인바운드 리드를 검증하고, 영업이 가능한 검증된 기회를 실제 계약을 성사시키는 담당자(AE)에게 전달하는 역할을 한다. 인바운드 리드는 보통 인터넷 검색, 입소문, 마케팅 프로그램을 통해 들어오는 경우가 많다.

보통 한 달에 약 400건의 리드가 발생할 때, 최소 한 명의 마켓 리스폰스 담당자가 필요하다.

이들은 초기 단계에서부터 부적합한 영업 기회를 걸러내기 때문에, 실제 계약 성사를 담당하는 AE가 이미 검증된 양질의 영업 기회에만 집중할 수 있게 도와준다. 결과적으로 AE의 계약 성사율을 크게 높이는 데 중요한 역할을 한다.

아웃바운드 전담팀과 마켓 리스폰스(Market Response) 팀을 별개로 운영하라

리드의 양이 충분히 많아 별도의 마켓 리스폰스 팀을 구성할 수 있는 회사라면, 마켓 리스폰스 팀을 영업개발팀(SDR)과 별개의 팀으로 명확하게 나눠야 양쪽 모두 업무에 집중하며 생산성을 극대화할 수 있다.

두 팀은 근본적으로 성격이 다르다. 마켓 리스폰스 팀은 들어오는 리드를 받아 검증하는 역할을 수행하고, 아웃바운드 영업개발팀은 먼저 연락을 취하고 이메일을 보내는 역할을 수행한다. 두 가지 업무는 하루 중에 수시로 번갈아 수행하기가 매우 어렵다.

마켓 리스폰스 담당자(MRR)는 인바운드로 들어오는 마케팅 리드를 효율적으로 검증하고 관리하는 일에만 집중할 수 있어야 하고, 영업개발 담당자(SDR)는 아직 관심을 보이지 않은 신규 기업을 대상으로, 추가적인 비즈니스 기회를 만들어 내는 일에만 집중해야 한다.

세일즈포스에서 힘들게 배운 교훈

세일즈포스는 2004년에 직접 겪어보며 이 교훈을 얻었다. 처음에는 별도의 팀을 두어 인바운드 리드와 아웃바운드 영업을 따로 관리하고 있었지만, 어느 시점에서 두 역할을 한 팀이 동시에 맡도록 통합했다.

그러자 단 1주일 만에 생산성이 30%나 급락했다. 3주가 지나자 명백해졌다. 이 생산성 하락은 두 가지 역할을 혼합해 운영한 것에서 비롯된 문제였고, 시간이 지나도 개선되지 않을 것이었다. 세일즈포스는 즉시 구조를 원래대로 돌려 영업개발팀(SDR)과 마켓 리스폰스 팀을 다시 분리했고, 생산성은 이전 수준으로 빠르게 회복되었다.

이렇게 명확한 역할 분리가 회사의 큰 성과를 이루는 데 중요한 기반이 되었다. 몇 년 후, 세일즈포스의 '콜드콜 2.0' 팀(정식 명칭: Enterprise Business Representative Team)은 약 1억 달러의 연간 반복 매출(ARR)을 창출했고, 현재는 이 숫자가 10억 달러 이상으로 증가했다. 영업개발 담당자 한 명당 투자 대비 수익률(ROI)은 매년 3000%를 꾸준히 기록했다.

영업 자동화 시스템(SFA, CRM) 선택에 관하여

어쩌면 당신은 세일즈포스밖에 모르거나, 반대로 한 번도 들어보지 못했을 수도 있다.

나는 세일즈포스에 4년 동안 근무했고, 이후 수십 개의 회사와 컨설팅을 하면서 상상 가능한 거의 모든 시스템을 사용하는 고객들과 대화해 보았다.

세일즈포스는 결코 완벽한 시스템이 아니며, 특히 아주 작은 회사에게는 적합하지 않을 수도 있다. 그러나 여전히 가장 인기 있는 영업 자동화 시스템이다. 세일즈포스가 세계에서 가장 인기 있는 영업 자동화 도구가 된 이유는 많지만, 오늘날 그 주된 이유는 매우 많은 사용자들(영업 담당자, 관리자, 기술자)이 이미 그 시스템에 익숙하다는 점이다. 또한 숙련된 사용자와 관련 앱들의 커뮤니티가 매우 잘 형성되어 있다.

어떤 시스템을 선택하든, 중요한 것은 실제로 그 시스템을 제대로 사용하는 것이다. 시스템에서 이득을 얻지 못하고 있다면, 시스템 자체가 아니라 사용자들의 문제일 가능성이 크다는 점을 기억하라.

CEO는 명심해야 한다. 사람들은 CEO를 따라 행동한다. CEO가 직접 시스템을 적극적으로 사용할수록, 직원들도 적극적으로 사용하게 된다.

예측 가능성의 핵심: 콜드콜 2.0 파이프라인 (Funnel)

예측 가능한 매출의 핵심은 예측 가능한 리드 생성에 있다. B2B 기업에서 가장 예측 가능하게 리드를 창출할 수 있는 방법은 아웃바운드 영업(콜드콜 2.0)이다. 세상이 점점 더 바빠지고 이메일과 메시지가 넘쳐나는 시대이지만, 여전히 아웃바운드 방식은 효과적이다.

다음은 콜드콜 2.0 방식의 파이프라인(퍼널)의 예시이다.

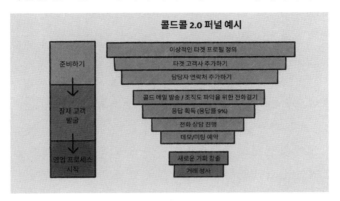

이러한 과정을 실험을 통해 개선하면서 지속적으로 신규 영업기회를 창출하는 방법을 찾고, 일관된 계약 성사율까지 유지할 수 있다면 매우 예측 가능한 매출과 능동적인 성장을 만들어낼 수 있다.

예측 가능한 매출 공식

매출의 예측 가능성 = 파이프라인 단계별 전환율(Funnel) +
평균 계약 규모 + 소요 시간(Time)

파이프라인에서 발생하는 활동량과 성과뿐 아니라, 각 단계에서 소요되는 시간이 얼마나 걸리는지도 정확히 파악해야 진정한 예측 가능성을 확보할 수 있다.

시간: 신규 영업 담당자의 생산성 달성 시간

신규 영업 담당자들이 얼마나 빠르게 생산성을 달성하는지에 대한 현실적인 시간을 측정하고 정확히 파악해야 한다. 회사마다 신규 담당자가 제 역할을 할 수 있게 되는 데 걸리는 시간은 매우 다양하며, 리드의 양, 채용한 인력의 역량, 교육의 질, 기존 영업지역의 유무 등에 따라 크게 달라질 수 있다.

나의 조언은 다음과 같다. 신규 영업 담당자를 바로 실전에 투입하는 대신, 고객 지원 등 회사 내 다른 부서에서 고객과 소통하는 훈련을 먼저 시키는 것이 좋다. 이것은 실제 영업 현장에서 훨씬 더 효과적으로 일할 수 있도록 도와줄 것이다. 처음에는 천천히 진행하더라도 결국 더 빨리 생산성을 올릴 수 있게 된다.

시간: 잠재고객 발굴 주기와 영업 사이클 길이

잠재고객 발굴 담당자(SDR)가 양질의 신규 영업기회를 만드는 데는 얼마나 걸릴까? 이렇게 창출된 영업기회가 실제 매출로 전환되는 데 걸리는 시간은 어느 정도인가? 작은 거래가 큰 거래보다 빨리 성사되는가? 여기에 대해 완벽하지는 않지만 유용한 기준이 될 만한 지침들이 있다.

잠재고객 발굴 주기(Prospecting Cycle Length)

잠재고객 발굴 주기란, 다음 두 시점 사이의 시간을 말한다.

a. 잠재고객이 아웃바운드 캠페인에 처음으로 응답한 시점
b. AE(영업 담당자)가 SDR로부터 전달받은 영업기회를 최종적으로 검증하여 실제 영업기회로 확정하는 시점

경험상 잠재고객 발굴 주기의 일반적인 기준은 '잠재고객의 첫 응답부터 검증된 영업기회가 만들어지기까지 대략 2~4주 (한 달 정도)'이다.

영업 사이클 길이(Sales Cycle Length)

영업 사이클 길이는 다음 두 시점 사이의 시간을 측정한 것이다.

a. 영업기회가 처음으로 생성되거나 최종 검증된 시점
b. 실제로 계약이 성사(closed)된 시점

만약 이를 측정하기 어렵다면, 최근 성사된 거래 10건 정도를 예로 들어 영업사원과 15분 정도 대화를 나누며 대략적인 기간을 파악해도 좋다.

실제적인 예시 (현실적인 숫자로 계산해 보자)

잠재고객 발굴 담당자(SDR)가 한 달에 10개의 검증된 영업기회를 만들어낸다고 가정하자.

- 영업기회 하나당 평균 거래 규모가 약 10만 달러라고 하면
- 신규 담당자(SDR)는 한 달에 약 100만 달러의 신규 파이프라인을 생성하게 된다.

만약,
- 계약 성사율이 20%이고
- 평균 영업 사이클이 6개월이라면

잠재고객 발굴 담당자(SDR)가 만들어낸 신규 영업기회는 6개월 뒤부터 매월 20만 달러의 매출(100만 달러의 20%)로 연결되기 시작할 것이다.

보통 SDR이 완전히 자리 잡고 영업 기회를 본격적으로 만들어내기까지는 약 2~4개월 정도의 훈련기간이 필요하다. 따라서 현실적으로 이 새로운 프로세스를 도입한 후 첫 6~9개월이 지나면, 지속적으로 매달 20만 달러 이상의 예측 가능한 신규 매출을 만들어낼 수 있게 된다.

이러한 프로세스는 한번 자리 잡으면, 마치 관성으로 계속 회전하는 플라이휠(flywheel)처럼 끊임없이 새로운 매출을 만들어주는 예측 가능한 매출 창출 엔진이 될 것이다.

만약 8개월 전 이 시스템을 시작했다면, 지금쯤 당신의 회사는 신규 매출로 인해 매우 만족스러워하고 있을 것이다.

콜드콜 2.0의 실제 프로세스

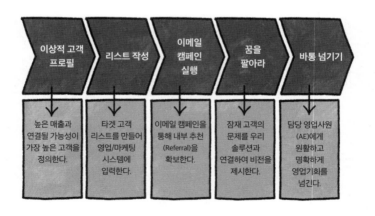

이상적 고객 프로필	리스트 작성	이메일 캠페인 실행	꿈을 팔아라	바통 넘기기
높은 매출과 연결될 가능성이 가장 높은 고객을 정의한다.	타겟 고객 리스트를 만들어 영업/마케팅 시스템에 입력한다.	이메일 캠페인을 통해 내부 추천(Referral)을 확보한다.	잠재 고객의 문제를 우리 솔루션과 연결하여 비전을 제시한다.	담당 영업사원(AE)에게 원활하고 명확하게 영업기회를 넘긴다.

다음은 전담 영업개발 담당자(SDR)가 풀타임으로 콜드콜 2.0을 수행하고, 생성된 영업기회를 계약 성사 담당자(AE)에게 전달하는 프로세스의 개요다. 만약 파트타임으로만 가능하다면 목표를 적절히 조정하라. (예: 이메일 발송량을 절반으로 줄이는 등) 당연히 마지막 단계(리드 전달하기)는 당신에게 적용되지 않을 것이다.

1단계: 이상적인 고객 프로필(Ideal Customer Profile)을 명확히 설정하라

이 프로세스를 성공시키기 위한 가장 중요한 작업은, 이상적인 고객이 누구인지 철저하게 정의하는 것이다. 여기에는 적합한 회사 유형과, 그 회사 내에서 접촉해야 할 담당자의 역할까지 명확히 포함되어야 한다.

많은 기업들이 이 단계에서부터 잘못된 길로 빠진다. 잘못된 잠재고객을 타겟으로 잡거나, 너무 낮은 직급의 사람에게 접근하거나, 너무 다양한 회사들을 무작위로 공략하거나, 고객의 '언어'로 소통하지 않는 실수를 범한다.

2단계: 타겟 고객 리스트를 구축하라

명확히 정의한 이상적인 고객 프로필을 기반으로 데이터베이스를 구축하라. 회사 내부에 이미 리스트가 있는가? 구매해야 하는가? 아니면 처음부터 만들어야 하는가?

대부분의 기업은 너무 낮은 직급의 사람에게 접근하고 있다. 리스트에 의사결정권자나 최소한 그 직급의 상급자들도 포함되어 있는가? 리스트가 얼마나 구체적이고 명확하게 타겟팅되었는가? 무관한 회사나 인물이 섞여 있는가?

단지 사용 가능한 데이터라고 해서 무작위로 고객을 리스트에 넣는 유혹을 참아야 한다. 부적합한 잠재고객을 타겟으로 삼는 것은 결국 시간 낭비일 뿐이며, 데이터베이스를 지저분하게 만들 뿐이다.

3단계: 아웃바운드 이메일 캠페인을 진행하라

많은 기업들이 저지르는 실수가 있다. 바로 콜드콜에 지나치게 의존하는 것이다. 전화 통화 기술도 중요하지만, 통화는 항상 두 번째 단계로만 활용되어야 한다. 이메일로 시작한 뒤, 응답을 준 사람에게 후속 전화 연락을 취하라. 간단한 이메일만으로도 고위급 고객을 대상으로 8~12% 이상의 응답률을 얻을 수 있다.

이상적인 고객 프로필에 부합하는 잠재 고객에게 아웃바운드 이메일이나 대량 음성 메시지를 보낼 때는, 마치 개별 영업사원이 보낸 것처럼 간단한 텍스트 형태로 보내라(화려한 HTML은 피하라).

한 번에 수백 건의 이메일을 몰아서 보내는 대신, 매일 소량씩(담당자당 하루 50~100건) 일주일에 며칠씩 꾸준히 보내는 게 좋다. 이 단계의 목표는 하루 평균 5~10건의 신규 응답을 얻는 것이다. 그 이상의 응답을 받으면 관리가 어렵다.

4단계: '꿈'을 팔아라 (Sell the Dream)

고객으로부터 온 응답과 추천을 활용해 적합한 의사결정권자와 연락을 취한 후, 그들이 현재 가진 문제를 해결할 수 있는 미래의 비전(꿈)을 그려주어라. 그리고 당신의 솔루션을 그들이 가진 주요 문제와 연결시켜야 한다.

영업개발 담당자를 단순히 약속만 잡아주는 기계처럼 취급해서는 안 된다. 단지 제품만 밀어붙이거나 스크립트를 읽거나 데모를 무작정 권하는 방식에서 벗어나라. 담당자가 고객과 함께 비전을 공유하고 신뢰, 신용, 유대감을 형성할 수 있도록 훈련시켜야 한다.

5단계: 리드를 AE에게 정확히 넘겨라 (Pass the Baton)

모든 영업활동을 계약성사 담당자(AE)가 수행하게 하는 것은 치명적인 실수다. 원하는 결과를 얻으려면 반드시 아웃바운드 영업개발을 전담하는 팀이 있어야 한다. 이 팀은 검증된 양질의 신규 영업기회를 만들어 AE에게 넘겨주는 역할을 한다. 이를 잘 수행하려면 담당자 간의 관계 이전(리드 전달) 과정까지 철저히 시스템화해야 한다.

리드를 담당 AE에게 전달하는 프로세스가 간단하고 명확해야 하며, 이 과정에서 리드를 놓치거나 혼란이 생기면 안 된다.

다음으로는 콜드콜링 2.0의 실제적인 퍼널(funnel) 사례를 보여주고, 각 단계를 더 구체적으로 다룰 예정이다.

1단계: 이상적 고객 프로필(Ideal Customer Profile)을 명확히 설정하라

영업과 마케팅의 성과를 높이기 위해 당신이 가장 먼저, 반드시 해야 하는 작업이 있다. 바로 이상적 고객 프로필(ICP)을 명확하게 정의하는 것이다.

여기에는 고객을 어떻게 설명할지, 그들이 겪는 핵심 문제는 무엇인지가 포함되어야 한다. 단, ICP는 한 번에 끝나는 작업이 아니라, 명확하다고 느낄 때까지 여러 번 수정하게 될 것이다.

이상적 고객 프로필(ICP)은 다음과 같은 방식으로 영업과 마케팅 생산성을 극대화한다.

- 스마트 타겟팅을 통해 우수한 잠재 고객을 쉽게 찾게 한다.
- 적합하지 않은 잠재 고객을 빠르게 제외할 수 있다.
- 이 두 가지는 곧 더 빠른 영업 사이클과 더 높은 계약 성사율로 연결된다.

아래는 이상적 고객 프로필(ICP)을 만들 때 참고할 수 있도록, 긍정적 기준과 부정적 신호(Red flags)를 함께 제시한 예시 모음이다. 실제 프로필 작성 시에는 이 기준들을 그대로 쓰지 말고, 본인의 상황에 맞게 처음부터 새롭게 작성하거나, 필요에 따라 기준을 추가하거나 제외해야 한다. 이상적으로 ICP는 한 페이지 이내로 간결하게 정리되어야 한다.

신입 직원이 입사했을 때도 이 프로필을 빠르게 읽고, 회사가 어떤 고객과 협력해야 하는지 혹은 어떤 고객은 피해야 하는지 쉽게 이해할 수 있도록 작성하라.

스마트 타겟팅(Smart Targeting)

아래에 나열한 모든 기준을 무조건 다 사용할 필요는 없다. 오히려 중요한 기준 3~5개만 잘 설정해도 충분하다. 적은 수의 명확하고 정확한 기준을 세우는 것이 이 작업의 효과를 극대화하는 데 도움을 준다.

원하는 기준	이유
직원 수 25~250명	서비스가 필요한 충분한 규모의 기업이면서, 너무 크면 내부에서 직접 해결할 가능성이 크다.
업종(산업군)	미디어, 기술, 비즈니스 서비스 산업에서 가장 높은 성공률을 보였다.
영업 모델	최소 3명의 영업 담당자와 1명의 영업 관리자가 있는 직판 조직이 있어야 한다.
월간 예산 규모	우리가 제공하는 서비스에 충분한 예산을 쓸 수 있어야 한다.
재무 상태	성장하거나 이익을 내는 기업이 장기 고객으로 적합하다. 재무적으로 어려운 기업은 결국 문제가 된다.
광고 대행사 없음	이미 광고 대행사가 있으면 협업하기 어렵다(기존 대행사 교체 의사가 없다면).
가치관과 사람	장기 고객은 똑똑하고 정직하며 책임감 있고 협력적이며 존중하는 태도를 가진 사람들이다.
전담 인력 없음	특정 업무만 전담하는 인력이 있다면, 우리의 서비스가 불필요해진다.
현재 시스템 환경	최소한 기본 시스템이 있어야 하며, 이상적으로 특정 시스템을 이미 사용하고 있어야 한다.

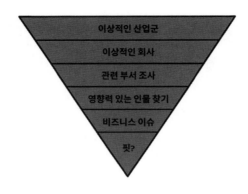

위험 신호 및 거래 중단 기준(Red Flags)

영업 초기 단계에서 미리 파악해야 하는 위험 신호는 무엇인가? 다음은 거래를 진행하면 시간 낭비가 될 수 있음을 미리 알려주는 신호들이다.

- 최근 특정 시스템을 설치한 경우
- 이미 타 서비스 제공자나 대행사가 있거나 전담 인력이 있는 경우
- 컨설턴트나 대행사를 자주 교체하는 경우
- 모든 걸 안다고 주장하거나 '우리가 알아서 한다'는 식의 태도를 가진 경우
- 서비스에 배정된 월간 예산이 지나치게 낮은 경우
- 특정 산업(과거에 실패 경험이 있는 산업)
- 우리가 제공하는 서비스에 대해 전혀 이해하지 못하여 교육에 너무 많은 시간이 드는 경우

이상적 접촉 대상자(Ideal Contacts)

이상적 고객 프로필은 회사만이 아니라 구매 담당자 또는 구

매에 영향을 미치는 사람들까지도 포함해야 한다.

> 예시: "우리의 이상적인 접촉 대상자는 세일즈 VP이며, 새로 부임한 지 90일 이내로 업무 성과를 내기 위해 열정적이어야 한다. 프로세스 중심적이며 CEO 또는 사업부 사장에게 직접 보고하고, 데이터와 보고서를 중요하게 생각하는 사람이다. 주된 문제는 현재 사용하는 영업 시스템의 문제로 인해 CEO 에게 정확한 보고를 하지 못하는 것이다."

핵심 문제(Core Challenges)

ICP를 더욱 명확히 하기 위해, 이상적 고객이 가진 핵심 문제를 파악하라. 가장 좋은 방법은 직접 묻는 것이다. 고객에게 전화로 묻거나, SurveyMonkey 같은 온라인 설문 도구를 사용하면 된다.

다음과 같은 질문을 통해 핵심 문제를 쉽게 파악할 수 있다.

- 가장 큰 어려움은 무엇인가? 당신을 잠 못 들게 하는 고민은?
- 가장 큰 불만은 무엇인가? 어떤 점이 걱정되나?
- 무엇이 가장 중요한가? 어디에 돈을 쓰고 있는가?
- 진정으로 원하는 건 무엇인가?

ICP는 정기적으로 업데이트하라

마지막으로, 이상적 고객 프로필은 여러 개가 될 수 있다. 이 상적 파트너의 프로필도 만들 수 있다. 하지만 프로필 종류는 1~5개로 제한하는 게 좋다. 그 이상이 필요하다면 마케팅 전략 자체를 더 좁히고 집중해야 한다.

2단계: 타겟 고객 리스트 구축하기

고객 리스트를 어떻게 확보할지에 대한 방법론은 매우 다양하며, 구체적인 방법을 모두 다루는 것은 이 책의 목적을 벗어난다. 하지만 어떻게 시작해야 할지 막막한 경우, 아래의 안내가 도움을 줄 수 있을 것이다.

기업의 규모와 목표 고객군에 따라 가장 적합한 리드 및 연락처 소스를 다르게 선택해야 한다. 포춘(Fortune) 5000 기업을 타겟팅하는 경우는 D&B Hoovers를, 중소기업을 타겟팅하는 경우에는 아래의 툴을 추천한다. (대부분의 툴은 세일즈포스 및 기타 CRM과도 연동된다.)

추천하는 리스트 구축 및 리드 확보 툴:

- Netprospex
- ZoomInfo
- Data.com (세일즈포스 소유)
- DiscoverOrg
- LinkedIn Sales Navigator

리스트 구축과 데이터 분야는 아웃바운드 영업에서 가장 빠르게 변하는 영역 중 하나이므로 항상 최신 정보를 참고하고 조사하는 것이 중요하다.

만약 예산이 부족하거나 더 저렴한 데이터 소스를 찾는다면, 해외 프리랜서나 업체를 통해 데이터를 수집하는 방법도 있다. Upwork.com과 같은 프리랜서 사이트를 이용해 데이터베이스 구축 작업을 의뢰하고 여러 업체로부터 제안을 받아

검토할 수 있다. 단, 이 경우 데이터의 품질이 떨어질 수 있음을 미리 감안해야 한다.

특수한 시장을 대상으로 한다면?

여기 나열된 서비스들이 당신의 요구 사항을 충족시키지 못한다면 어떻게 할까? 해외 기업들이 어떤 종류의 리스트와 데이터를 구축해 줄 수 있는지는 놀라울 정도다. 다만 품질이 좋지 않을 수 있다는 점은 감수해야 한다. Upwork.com은 프로젝트를 게시하고 해외 공급업체들로부터 다양한 입찰을 받을 수 있는 훌륭한 방법이다.

3단계: 아웃바운드 이메일 캠페인 실행하기

아웃바운드 영업개발 담당자(SDR)가 신규 고객과 접촉할 때 가장 핵심적으로 사용하는 도구는 이메일 캠페인이다.

먼저 이메일을 통해 목표 고객 기업 내 적합한 담당자와 연결될 수 있도록 내부 소개(Referral)를 요청하라. 이메일로 응답이나 소개를 받으면 즉시 전화를 통해 후속 연락을 진행한다.

이메일 캠페인은 일반적으로 영업 자동화 시스템(세일즈포스 등)이나 이와 연계된 마케팅 자동화 시스템을 통해 진행하는 것이 이상적이다. 담당자(SDR)는 하루에 약 50~100건의 이메일을 발송하며, 하루에 최소 5~10건의 응답을 받는 것을 목표로 한다(응답률 약 10% 가정).

'타겟 대량 이메일'이라는 용어는 모순적으로 보일 수 있지만, 이는 고객 리스트를 명확한 기준에 따라 세분화하여 목표 고객군을 설정함으로써 가능해진다.

대표적인 세분화 기준은 다음과 같다.

- 산업군(소매, 금융, 첨단 기술 등)
- 매출 규모
- 지역 또는 영업 권역
- 직원 수
- 비즈니스 모델(B2B, B2C, 에이전시 등)
- 최근 연락 일자
- 최근 계정 활동 일자
- 담당자의 직함(CEO, 마케팅 디렉터 등)
- 기타 관리 가능한 다양한 기준

따라서 수천 개의 연락처가 있더라도, 담당자는 구체적인 세분화를 통해 보다 정확하고 관련성 높은 메시지를 전달할 수 있다.

이메일 작성 가이드라인

아래는 신규 고객(Cold Prospect)과의 대화를 시작하기 위한 이메일 작성 시 참고할 가이드라인이다. 관계가 형성된 이후부터는 보다 자세하고 긴 이메일로 소통할 수 있지만, 초기 단계에서는 다음 원칙을 지켜야 한다.

- 이메일은 마치 한 명의 영업 담당자가 개인적으로 작성한 것처럼 보이게 하라.
- HTML 형태가 아닌 텍스트 기반의 간결한 형태로 작성하라.

- 연락한 이유를 명료하게 간단히 설명하라.
- 이메일을 모바일에서 읽고 답하기 쉽도록 작성하라.
- 신뢰할 수 있는 근거(예: 기존 고객 사례)를 제시하라.
- 한 가지 간단한 질문(예: 적합한 담당자 추천 요청 등)을 포함하라.

무엇보다 이메일이나 전화 등 모든 커뮤니케이션에서 정직함을 유지하라. 예를 들어 마치 고객에게 응답하는 것처럼 이메일 제목을 "Re:"로 시작하여 보내는 방식은 신뢰를 훼손할 수 있다. CEO나 영업 관리자라면 무결성을 저해하는 행위를 허용하거나 권장해서는 안 된다.

잘못된 이메일 사례

제목: 2분기 영업 효율성 향상에 관심 있으십니까?

척(Chuck)님,
매출 예측의 정확성 문제로 어려움을 겪고 계십니까?
귀사의 최고 영업사원이 누구이며 그들의 성공 요인이 무엇인지 명확히 알고 계십니까?
마케팅 활동 중 실제 계약 성사로 연결된 활동이 무엇인지 알고 계십니까?
중요한 거래들이 진행 중이라는 것은 알고 있지만, 실시간으로 그 현황을 명확히 보여주는 보고서를 쉽게 만들 수 있으십니까?
이러한 문제들이 익숙하게 느껴지실 것입니다. 많은 기업들이 공통적으로 겪는 문제입니다.

세일즈포스는 Adobe Systems, AOL Time Warner Communications, Putnam Lovell, Dow Jones Newswires, Berlitz Global Net, Siemens, Microstrategy, Autodesk와 같은 세계적인 기업들에 성공적으로 적용된 사례가 있습니다.

세일즈포스는 웹 기반 CRM 서비스로, 빠르게 구축 가능하며 사용이 간편합니다. 영업 조직은 이를 통해 고객, 계정, 활동 내역을 중앙 관리하고 영업 성과를 손쉽게 추적할 수 있습니다. 마케팅 부서 또한 각 프로젝트의 투자 대비 효과(ROI)를 정확히 측정할 수 있습니다. 세일즈포스는 다양한 보고서를 쉽게 맞춤형으로 생성할 수 있게 해주고, 영업 조직과 개별 직원의 성과를 한눈에 파악하여 비즈니스를 보다 효과적으로 관리할 수 있도록 지원합니다.

이와 관련하여 20분 정도 시간을 내어 논의할 수 있을까요? 아니면 귀사 내 다른 담당자를 소개해 주실 수 있을까요?

감사합니다,
애런 로스(Aaron Ross)

이 이메일은 지나치게 길고, 개인화되지 않았으며, 모바일에서 읽기 어렵고, 영업 중심적이고, 무엇보다 흥미롭지 않다.

– 응답률: 0%

캠페인 이메일 발송 방법

일주일에 3~4일에 걸쳐 150~250건의 아웃바운드 이메일을 발송하는 것부터 시작하라. 하루 평균 5~10건의 응답을 목표로 한다. 응답 수가 이보다 많아지면 놓치는 응답이 생기기 시작한다. 많은 기업이 흔히 저지르는 실수가 하루에 너무 많은 이메일을 보내는 것이다.

이메일은 오전 9시 이전 또는 오후 5시 이후에 보내는 것이 좋고, 월요일과 금요일은 피하는 편이 좋다. (일요일은 괜찮다.)

이메일 캠페인의 응답률은 평균적으로 3~9%를 기대할 수 있다(반송된 이메일은 제외). 여기에는 긍정적, 부정적, 중립적 모든 응답이 포함된다.

신규로 구축하거나 구매한 이메일 리스트는 보통 20~30%의 반송률을 보인다. 반송된 이메일은 응답률 계산에서 제외해야 한다. 예를 들어, 이메일 150건을 발송했을 때 응답 10건, 반송 50건이 나왔다면 실제 응답률은 10%(유효 이메일 100건 중 10건 응답)이다.

응답 처리에 체계적이어야 한다. 들어오는 응답을 철저히 기록하고 정리하여 누락되는 일이 없도록 주의한다. 자주 오는 유형의 응답에 대해서는 미리 표준화된 이메일 템플릿을 준비해 두는 것이 효율적이다.

반송된 이메일을 무시하지 말고 즉시 데이터베이스에서 삭제하라. 시간이 지날수록 데이터베이스가 쓸모없는 이메일 주소로 가득 차 혼란이 생긴다.

'부재중' 자동 회신 메일을 적극적으로 활용하라. 부재중 이메일에는 회사 내에서 적합한 담당자와 연결해 줄 수 있는 비서 등 유용한 연락처가 포함되어 있기 때문이다.

이메일 응답이 왔다면

우선, 모든 이메일 응답을 세일즈포스(또는 사용하는 영업 자동화 시스템)에 빠짐없이 기록하고, 필요할 경우 연락처 정보를 업데이트하라. 대량의 이메일 캠페인을 진행하다 보면 월 수백 건의 이메일을 발송하게 되는데, 응답 관리를 제대로 하지 않으면 중요한 기회를 놓치기 쉽다.

대량 이메일 캠페인의 최종 목표는 항상 '다음 단계(Next Step)'를 명확히 설정하고 확정 짓는 것이다. 다음 단계는 반드시 다음 두 가지 중 하나여야 한다(두 가지 모두 요청하면 안 된다).

- 소개 받기: "이 사안에 가장 적합한 담당자는 누구신가요?" (내부 담당자 소개 요청)
- 상담 약속 잡기: "짧게 전화로 논의하기 가장 좋은 날짜와 시간은 언제일까요?"(상담 일정 잡기)

첫 번째 목표(소개 받기)의 목적은, 첫 미팅을 위한 가장 적합한 담당자를 찾고, 그 사람에게 소개를 받아 직접 연락할 수 있도록 하는 것이다. 이후 소개받은 담당자에게 이메일을 보낼 때는 반드시 소개해 준 사람을 언급하거나 참조(CC)에 포함하여, 상대방이 당신을 '완전한 콜드콜'이 아닌, 이미 회사 내 담당자와 소통한 적이 있는 사람으로 인식하게 해야 한다. 내부 소개가 이루어질 경우 응답률은 매우 높아진다.

두 번째 목표(상담 일정 잡기)의 목적은 간단한 전화 상담을 통해 당신의 회사와 상대 회사 간의 적합성을 빠르게 파악하는 것이다. 이 전화 상담에서 중점적으로 이야기해야 할 주제는 상대 회사의 비즈니스이지, 당신의 회사가 아니다. 상담 시에는 반드시 당신이 대화를 이끌되, 상대방의 비즈니스에 대한 이야기를 유도하는 열린 질문을 던져야 한다.

만약 잠재 고객과의 상담에서 당신이 전체 대화의 30% 이상을 차지하고 있다면, 더 많은 질문을 하거나 더 적게 말해야 한다.

부정적인 응답("관심 없습니다")을 받을 경우, 그 이유를 반드시 파악하라. 'No(거절)'라는 답변은 CEO 또는 최종 의사결정권자에게서 직접 듣기 전까지는 의미가 없다. 최종 의사결정권자가 "No"라고 하더라도, 거절의 이유를 파악해 해결할 수 있는 이슈인지 확인해야 한다. 종종 잠재 고객은 당신이 하는 일이나 제공하는 가치를 오해해서 혼란스럽게 거절하는 경우가 많기 때문이다.

응답하지 않은 잠재 고객 관리하기

상대방이 이메일에 응답하지 않았다고 해서 그 고객사의 가능성이 사라진 것은 아니다. 이메일 오픈 추적 기능이 있는 시스템을 통해 이메일을 발송하면, 어떤 잠재 고객이 이메일을 열었고, 얼마나 자주 열었으며, 얼마나 많은 사람에게 전달했는지 확인할 수 있다.

Emails opened this week	
Name	**Sum of # Times Opened**
Chris Moloney	7
Andres Palcentino	1
Jennifer Walker	1
Larry Wiseman	1
Megan Wertymer	1
Susan Riley	1
Todd Jones	1

이런 방식으로, 무작위로 잠재 고객에게 연락하는 대신, 우선순위를 명확히 정한 연락 리스트를 확보할 수 있다.

이메일 오픈 리포트를 몇 시간마다 주기적으로 확인하라. 누군가 당신의 이메일을 여러 번 열어봤다면 즉시 전화를 걸어라. 이메일 오픈 횟수가 많다면, 다른 사람에게 이메일을 전달했을 가능성이 높기 때문이다.

과거 영업기회 재발굴 캠페인 예시

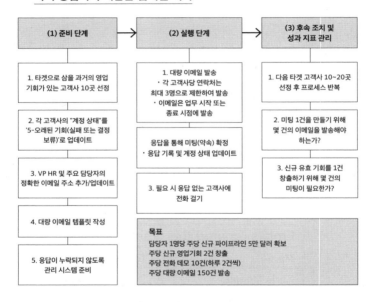

오랜 기간(최소 6개월 이상) 활동이 없었던 과거의 영업기회(opportunity)를 다시 검토하는 일은 신규 영업담당자 교육과 새로운 기회 창출에 매우 효과적이다. 영업개발 담당자(SDR)가 기존 리드(lead)를 다루는 데 익숙해지면, 완전히 새로운 고객사와의 소통에도 쉽게 적응할 수 있다. 경험 없는 담당자들이 처음부터 바로 임원급 고객과 소통하지 않도록, 과거 리드를 통해 충분한 교육과 연습 기회를 제공해야 한다.

요청하지 않은 이메일 발송과 CAN-SPAM 규정 준수

기업은 신규로 확보한 마케팅 리스트에 포함된 고객에게도 마케팅 목적으로 이메일을 보낼 수 있다. 다만, 고객이 직접 이메일 수신에 동의(opt-in)하지 않은 경우 미국의 스팸 방지법(CAN-SPAM Act)에 따라 다음의 필수 규정을 반드시 준수해야 한다.

- 이메일 제목과 발신자 정보가 오해의 소지가 없어야 한다.
- 발신자 회사의 실제 주소를 이메일 본문에 기재해야 한다.
- 향후 이메일 수신을 거부(opt-out)할 수 있는 기능을 제공해야 한다.

보다 자세한 사항은 미국 연방거래위원회(FTC)의 가이드라인을 참고할 것.

4단계: '꿈'을 팔아라 (Sell the Dream)

영업 담당자(SDR)가 잠재 고객과 첫 공식 미팅을 잡는 데 성공했다고 가정하자.

이때 고객과의 대화에서 목표는 절대 '당신의 상품이나 서비스 자체를 판매하는 것'이 아니다. 첫 번째 대화의 목표는 다음과 같다.

1. 고객이 스스로 겪고 있는 문제를 해결할 수 있는 이상적인 솔루션(비전)을 그리도록 돕는 것.
2. 고객의 핵심적인 비즈니스 문제와 그들이 꿈꾸는 솔루션을 당신의 제품과 연결시키는 것.

잠재 고객과의 대화에서는 상대방이 실제로 적합한 고객인지 확인되기 전까지 지나치게 열의를 보이지 말고, 오히려 상대방에게 도전적인 질문을 던지며 진정성을 확인해야 한다.

- 고객이 관심을 보였다고 해서 즉시 행동에 나설 준비가 되어 있을까?
- 의사결정 권한이나 영향력이 있는 사람과 연결된 것인가?
- 다음 단계에 대한 진정한 관심과 의지가 있는가?

아웃바운드 담당자(SDR)는 제대로 검증되지 않은 불확실한 영업기회를 무작정 많이 넘기는 것보다, 소수의 양질의 기회를 계정담당자(Account Executive, AE)에게 전달하는 것이 더 바람직하다.

모든 활동은 영업 자동화 시스템에 철저히 기록하라.

영업 담당자가 고객과 전화 통화를 통해 상호 적합성을 확인할 때 가장 중요한 것은, 당신의 제품을 판매하려는 유혹을 떨쳐 내고 상대방의 비즈니스에 집중하는 것이다. 고객의 비즈니스 구조와 현황에 대해 먼저 열린 질문(open-ended question)을 던지고, 이어서 고객이 겪고 있는 문제를 파악하라.

다음은 '첫 상담(Discovery Call)'에서 활용할 수 있는 예시 질문이다. 실제로 첫 상담에서는 아래 질문 중 3~4개 정도만 다루게 된다. 질문은 일반적인 비즈니스 현황 파악에서 시작하여 구체적인 검증(qualification) 단계로 자연스럽게 넘어가야 한다.

- 현재 귀사의 _____ 부서는 어떻게 구성되어 있습니까?
- 현재 _____ 업무 프로세스는 어떻게 진행되고 있습니까?
- 영업 및 리드 관리에는 어떤 시스템을 사용하고 있습니까?
- 해당 시스템을 도입한 지 얼마나 되었습니까?
- 현재 겪고 있는 주요 문제는 무엇입니까? (추가로 "그 외에는?" 이라 계속 질문할 것)
- 다른 대안을 이미 검토한 적이 있습니까?
- 과거에 다른 솔루션을 시도했지만 실패한 경험이 있습니까? 있다면 이유는 무엇입니까?
- 현재 이 문제의 우선순위는 어느 정도입니까? 더 중요한 문제는 무엇입니까?
- 이상적인 솔루션은 어떤 모습일까요?
- 귀사의 의사결정 과정은 어떻게 이루어집니까?
- 기존 시스템을 도입한 이유는 무엇이며, 당시 결정자는 누구였습니까?
- 이번 프로젝트가 올해[또는 향후 6개월 이내에] 실행될 가능성은 얼마나 됩니까?
- 지금 당장 해야 하는 이유는 무엇입니까? (또는, 나중으로 미루려는 이유는 무엇입니까?)

첫 통화를 위한 추가 팁

핵심 목표
고객이 자신의 비즈니스에 대해 이야기하도록 유도하고, 주의 깊게 경청하라.

임원급과의 통화 전, 실무자와 먼저 대화하라.
최고 의사결정자와 직접 연락하기 전에, 먼저 회사 내부 실무자와 통화하여 업무 프로세스와 현재 겪고 있는 문제들을 파악하라. (세일즈포스의 경우 영업담당자와 통화하여 내부 정보를 미리 수집한다.)

(정중하게) 직접적인 질문을 던져라.
통화 후에도 고객의 문제나 어려움(pain)이 명확히 드러나지 않는다면, 다음과 같은 질문을 직접적으로 해도 좋다.

> "현재 가장 어려운 문제는 무엇입니까? 기대한 만큼 잘 작동하지 않는 부분이 있나요?"

고객이 모든 문제를 충분히 이야기할 때까지 질문을 이어가라. 숨겨진 문제를 모두 파헤칠 때까지 멈추지 말고 계속 질문하라.

다른 부서나 팀의 담당자를 소개받아라.
"귀사의 다른 부서나 팀 중에서 제가 추가로 이야기하면 좋을 분이 있을까요?"

이메일로 일정을 잡지 말고, 반드시 전화상으로 바로 약속을 확정하라. 이메일로 일정을 잡는 것은 시간 낭비가 크다. 통화 중 다음 단계를 즉석에서 확정하는 습관을 가져야 한다.

모든 질문과 접근법은 반드시 실험하고 개선하여, 자사의 비즈니스 환경과 영업 스타일에 맞도록 맞춤화해야 한다. 계속해서 실험하고 개선하여, 반복 가능한 성공 패턴을 만들어 내라.

내부 지지자(Champion) 만들기

고객이 관심을 보이지만 아직 준비가 되지 않았거나, 회사 내 다른 사람들을 설득해야 하는 상황이라면, 그 고객을 당신의 내부 지지자(챔피언)로 만드는 데 집중하라.

방법은 생각보다 단순하다. 고객이 성공할 수 있도록 돕는 데 초점을 맞추고(자신의 성공이 아니라), 필요한 것을 직접 물어보고 지원하라. 자료 제공, 정보 제공, 그리고 충분한 시간을 주는 것도 중요하다. 고객에게 꾸준히 연락하되 귀찮게 굴지는 말고, 신뢰를 쌓으면서 꾸준히 지속적으로 접근하라.

씨앗을 심는다고 생각하고, 싹이 나고 자랄 때까지 꾸준히 관심과 인내심을 갖고 기다려라.

5단계: 영업기회를 계정담당자(AE)에게 넘기기
(기회가 '검증'된 기준은?)

많은 고객들이 "검증된(qualified) 영업기회의 기준이 무엇인가요?"라는 질문을 자주 던진다. 즉, 어떤 영업기회를 아웃바운드 영업개발 담당자(SDR)가 계정담당자(AE)에게 넘길 수 있고, SDR가 성과 보상을 받을 수 있는지 궁금해하는 것이다. (이하 간단한 표현을 위해 영업개발 담당자는 'SDR', 계정담당자는 'AE'로 표현한다.)

이 기준은 아웃바운드 영업팀에만 해당된다. 세일즈포스의 경우, 웹사이트를 통해 들어오는 인바운드(inbound) 영업기회는 별도의 팀에서 별도의 기준으로 처리한다. 다양한 시행착오 끝에 가장 잘 작동한 아웃바운드 영업기회의 기준은 다음과 같다.

기본 원칙

SDR이 성과로 인정받을 수 있는 영업기회의 필수 조건은 다음과 같다.

- 최소한 잠재 사용자가 20명 이상인 규모 있는 영업기회일 것.
- 명확한 위험요소(red flag)나 거래 성사 불가능 요인이 없어야 함.
- SDR이 직접 발굴한 기회여야 함 (인바운드 기회나 타 SDR의 기회를 빼앗으면 안 됨).

회사는 영업 담당자들에게 명확한 규칙과 기준을 제공하여, 양질의 영업기회만 생성하도록 유도해야 한다.

흔히 하는 실수는 "무조건 기회만 많이 가져와라"라는 압박으로 인해 수익성이 떨어지는 작은 기회를 걸러내지 못하는 것이다. 작은 기회는 오히려 시간과 자원을 낭비하게 만들고, 더 큰 기회를 놓치는 기회비용이 발생한다.

언제 SDR이 AE에게 기회를 넘겨야 하는가?

기본적으로 SDR이 판단했을 때, AE의 시간이 아깝지 않고 AE 가 직접 개입하여 발전시킬 만한 기회라고 느껴질 때 넘긴다. 판단 기준은 다음과 같다.

1. 우리 회사의 이상적 고객 프로필에 맞는가?
2. 의사결정권이나 영향력이 있는 사람과 연결되어 있는가?
3. AE와 미팅(Discovery Call 등)을 진행하는 등, 명확한 다음 단계 에 대한 관심이 있는가?

기회를 AE에게 넘길 때는 '1단계: 신규 기회' 상태로 전달한다. AE가 직접 검증을 완료할 때까지 SDR은 아직 성과 보상을 받 지 않는다.

AE에게 기회를 매끄럽게 넘기는 방법

- 가장 이상적 방법: AE에게 즉시 전화로 연결(hot-transfer)
- 무난한 방법: AE와 고객 사이에 통화 약속 일정을 직접 잡아 줌
- 최후의 방법: AE와 고객을 이메일로 소개하며 연락처 정보를 상호 공유함

SDR은 이러한 전달 과정을 반드시 영업관리 시스템(세일즈포 스 등)에 기록하고, AE를 위한 후속 업무(Task)나 일정(Calendar) 을 생성해야 한다.

SDR이 성과를 인정받는 시점: AE의 재검증 후

새로운 영업기회(opportunity)는 AE가 직접 통화하여 재검증(재확인)한 후에 비로소 정식으로 '검증된 기회(Stage 2)'로 승격된다. SDR이 영업기회를 넘겼더라도 AE의 최종 재검증이 끝나기 전까지는 성과 인정이나 보상을 하면 안 된다. 이는 매우 중요한 품질 관리 프로세스다.

계정담당자가 잠재 고객과 통화 후 다음의 기준을 다시 확인해야 한다.

- 우리가 고객의 문제를 해결할 수 있는가?
- 의사결정자와 연결되어 있는가?
- 고객이 다음 단계에 명확한 관심을 보였는가?

계정담당자가 위 내용을 확인하고 자신 있게 '2단계: 검증 완료'로 전환하면 그때부터 SDR은 비로소 성과를 인정받고 보상을 받을 수 있다.

영업기회 감사(Audit) 프로세스 활용하기

다소 시간이 걸리더라도, 팀장 또는 회사 대표가 모든 아웃바운드 영업기회를 직접 점검하는 것이 좋다. 이렇게 하면 높은 품질과 결과의 신뢰성을 유지할 수 있다.

- 영업기회가 '검증 완료(Stage 2)' 상태로 변경되자마자, 반드시 다음 사항을 점검하라.
- 이 영업기회가 진정한 아웃바운드로 창출된 기회인가? (인바운드 기회를 가로챈 것은 아닌가?)

- AE가 전화로 직접 재검증을 완료했는가? (간혹 AE가 SDR을 위해 호의를 베풀어 검증 전 미리 승격시키는 경우가 있는데, 이는 절대 금지다.)
- SDR과 AE가 모든 활동 내역을 영업관리 시스템에 제대로 입력했는가? 시스템에 기록되지 않은 기회는 존재하지 않는 기회이며, 보상받을 수도 없다.

세일즈포스에서 엄격한 감사 프로세스를 운영하며 얻은 주요 이점은 다음과 같다.

- CEO에게 보고할 때 데이터의 신뢰성이 확보되어, 팀의 성과를 명확하게 입증할 수 있었다.
- SDR이 업무의 질을 높이게 되었으며, 인바운드 리드를 무단으로 가로채는 등의 유혹을 줄일 수 있었다.
- 팀원 간 신뢰가 쌓였고, 모두의 성과가 공정하다는 믿음이 생겼다.

콜 스크립트 없이 통화의 효율성을 높이기

과거에는 텔레마케팅이나 영업에서 스크립트(script)를 활용했지만, 이제 고객들은 정형화된 질문을 쉽게 알아차리고 거부감을 느낀다. 콜 스크립트 대신 다음의 두 가지 효과적인 접근법을 사용하라.

AAA 콜 플래닝(AAA Call Planning)

담당자가 5분 정도만 투자해도 통화 목적을 명확히 설정할 수 있다.

- Answers (정보 수집): 이번 통화에서 얻어야 할 고객의 정보는?
- Attitudes (감정 상태): 고객이 어떤 느낌을 받도록 해야 할까?
- Actions (다음 단계): 통화가 끝난 후 어떤 행동으로 이어져야 할까?

콜 흐름(Call Flow)

통화에서 질문 순서는 결과에 큰 차이를 만든다. 전통적인 콜드콜 방식(처음 30초에 회사 소개나 제품 설명부터 시작하는 방식)을 따르지 말고, 먼저 이메일이나 소개로 접촉했음을 상기시키며 자연스럽게 시작하라.

효과적인 통화의 흐름 예시:

1. 통화 시작 및 간단한 인사("지금 통화 가능하신가요?")
2. 고객의 현재 비즈니스 상황에 대한 대화 (진정한 호기심을 갖고 접근할 것)
3. 고객의 필요사항과 문제점 명확히 파악 (정확히 이해했는지 재확인)
4. 고객의 구체적 필요에 맞는 솔루션 제안
5. 이의제기(반대 의견) 처리
6. 다음 단계 확정

콜 스크립트는 초기 교육용으로는 좋지만, 영업 담당자가 개인의 진정한 목소리를 잃고 스크립트에 의존하지 않도록 주의해야 한다.

더 많은 역할 연습(role-playing)을 통해 자연스럽고 유연한 통화 기술을 연마하게 하라.

고객을 '계정 상태(Account Status)' 단계별로 관리하기

지속적으로 매출을 창출하려면 안정적이고 예측 가능한 영업기회 파이프라인이 필수적이다. 이를 위해서는 파이프라인이 생성되는 과정을 명확히 측정하고 관리해야 한다.

사용하기 쉽고 효과적인 CRM 또는 영업 자동화 시스템을 구축하면 마치 조립라인(Assembly Line)처럼 계정을 관리하고 신규 영업기회를 체계적이고 일관되게 생산할 수 있다.]

영업 프로세스가 단계별로 진행 현황을 추적하는 것처럼 잠재고객 발굴 과정에서도 명확한 단계를 설정해야 한다. 또한 각 단계에 따라 구체적인 대응 방법과 행동 지침을 마련하면 영업 효율을 극대화할 수 있다. 잠재고객 발굴 과정에서 사용하는 이와 같은 체계를 '계정 상태(Account Status)'라고 부른다.

이 계정 상태 단계는 기존의 영업 프로세스와는 별개이면서 보완적으로 활용되며, 영업기회가 만들어지기 이전의 과정을 관리하는 데 적합하다.

아래는 잠재고객이 영업기회로 전환되는 과정을 관리하기 위한 '계정 상태'의 조립라인 단계 예시다. 필요에 맞게 자유롭게 커스터마이징해서 사용하면 된다.

이러한 '계정 상태' 설정은 세일즈포스의 '영업기회(Opportunities)' 단계와 유사하지만, 개별 고객이나 조직(계정) 수준에서 관리된다. 예를 들어 특정 계정이 '미접촉(cold)' 상태이거나 '진행 중(working)' 상태 등으로 분류되는 식이다.

영업 담당자(특히 신규 고객 발굴을 담당하는 SDR)는 이 방식으로 계정을 명확히 관리해야, 적절한 시점에 적절한 계정에 적합한 메시지를 전달하여 불필요한 리소스 낭비를 최소화할 수 있다.

영업팀이 이미 고객이 된 계정에 계속 신규 고객 발굴을 위한 이메일이나 전화를 한다면 매우 난처한 상황이 발생할 수 있다.

계정 상태 활용법

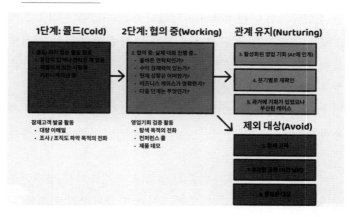

영업 관리 시스템의 '계정(Accounts/Organizations)' 페이지 또는 탭에 '계정 상태(Account Status)'라는 데이터 필드를 생성하고,

선택 가능한(pick list) 형태로 구성하자. 여기에 다음의 8가지 상태를 추가해 실제 사용해 보며, 조직에 맞는 용어나 프로세스에 맞춰 수정하면 된다.

Bin 1: 미접촉(Cold)

설명이 거의 필요 없겠지만, 아직 아무런 활동도 이루어지지 않아 그 회사가 자사와 적합한지 여부조차 판단하기 어려운 계정이다. 보통 응답이 전혀 없는 계정이나 외부에서 구매한 데이터로 구성된다.

Bin 2: 진행 중(Working)

담당자가 적극적으로 접근하고 조사 중인 단계로, 이메일이나 전화 등을 통해 초기 대화를 나누고 있는 계정이다. 아직 고객사의 적합성이나 구매 의향, 의사결정에 영향을 주는 핵심 인물이 누구인지 확실하지 않을 수도 있다.

이 단계에서의 주요 목표는 무리하게 영업기회를 만드는 것이 아니라, 향후 몇 주 또는 몇 달 이내에 실제 기회가 있는지 여부를 정확히 파악하는 것이다. 가능성이 없다면 과감히 제외하는 것이 좋다. 억지로 만든 영업기회는 오히려 영업팀의 자원을 낭비하게 된다.

Bin 3: 육성(Nurture) – 진행 중인 영업기회

새롭게 발굴된 영업기회가 현재 진행 중이라면 이 상태로 분류해 해당 계정을 관리 단계에서 제외한다. 특히 SDR이 이 상태를 사용하면, 담당 영업팀에게 인계된 계정이 원활하게 진행되고 있는지 쉽게 점검할 수 있다.

Bin 4: 육성(Nurture) – 분기별 재접촉

이름 그대로 분기별로 한 번씩 재점검할 가치가 있는 계정이다. 당장은 기회가 없지만 향후 기회로 전환될 가능성이 있는 계정을 관리한다.

Bin 5: 육성(Nurture) – 종료된 기회

영업기회가 종료된 계정은 특별히 관리할 필요가 있다. 과거에 기회가 있었던 만큼 향후 다시 고객으로 전환될 가능성이 일반 계정보다 높기 때문이다.

Bin 6: 회피(Avoid) – 현재 고객

고객층이 작은 회사는 이해하기 어려울 수도 있지만, 고객 수가 많아지고 CRM 데이터가 복잡해질수록 SDR이 실수로 이미 고객이 된 계정에 신규 발굴 활동을 하는 경우가 빈번히 발생한다. 이러한 상황을 방지하기 위해 명확히 관리해야 하는 상태이다.

Bin 7: 회피(Avoid) – 부적합한 계정

사업상 적합성이 없거나, 폐업한 회사와 같이 접촉할 가치가 없는 계정을 이 단계에 넣는다.

Bin 8: 회피(Avoid) – 중복 계정

삭제할 수는 없지만 중복된 계정을 관리할 때 활용한다. 향후 중복된 계정으로 인해 혼란을 피할 수 있다.

SDR 보상 체계

세일즈포스에서 다양한 보상 구조를 실험해 본 결과, 가장 단순한 구조가 효과적이었다. 다음과 같이 두 가지로 구성된다.

- 기본급: $_____
- 커미션(성과급): $_____ (기본급의 약 50% 또는 전체 보상의 1/3 수준)

지역이나 상황에 따라 품질 좋은 인력을 위한 기본급은 연간 $35,000~$60,000 사이, 커미션은 $20,000~$60,000 정도다.*

낮은 수준의 보상은 신입 대졸자를 채용하거나 $15,000 이하의 소규모 제품을 판매할 때 적합하다.

높은 수준의 보상은 경력 5년 이상이며, 최소 $50,000 이상의 고가 B2B 서비스를 판매할 때 적용한다.

커미션 구조

커미션은 월 단위로 지급되며 두 부분으로 구성된다.

- 50%: 해당 월의 '적격 영업기회(Qualified Opportunities)' 생성 목표 달성 여부에 따라 지급.
- 50%: 실제 성사된 거래에 따라 매출의 일정 비율로 지급.

이 구조는 단기적 성과와 장기적 성과의 균형을 잡는다. SDR

---

* 책 출판 당시 기준으로, 현재는 시장 상황에 따라 달라질 수 있음.

은 즉각적인 영업기회 창출에 집중하면서도, 실제 계약이 성사될 가능성과 규모에도 신경을 쓰게 된다.

SDR은 AE(영업 담당자)를 고객처럼 대하라

영업 담당자의 가장 중요한 역할은 고객에게 충분한 가치를 제공하여, 그 고객이 주변에 당신과 회사가 얼마나 훌륭한지 알리고 싶게 만드는 것이다. 이는 회사나 개인 모두에게 마찬가지로 적용된다.

SDR로서 당신의 고객은 함께 일하는 AE(Account Executives) 들이다. 그들이 성공하도록 지원하면 결국 당신의 성공으로 돌아온다.

고객은 언제나 당신의 가장 소중한 자산이다.

SDR 신규 입사자용 교육 계획 예시

신규 SDR은 처음 2~4주 동안 회사 전반 및 제품 교육을 먼저 받고, 이후 본격적인 SDR 교육을 진행한다.

3주 차
- 일일 교육 참석
- 세일즈포스 설정 및 탐색
- 매일 기존 SDR 및 AE와 함께 업무 참관
- 데이터 소스로부터 신규 계정 및 연락처 추가
- 계정 중복 확인 및 제거 방법 습득
- 하루 20~50명 대상 대량 이메일 발송 연습

- 이전 SDR 담당 영역 인수인계 준비

4~5주 차
- 금요일까지 총 100건의 아웃바운드 이메일 발송
- 이메일 응대 기록 및 처리 방법 숙달
- 금요일까지 하루 최소 5건의 전화 대화 시도
- 매일 숙련된 SDR과 함께 업무 진행
- 개인 성과 대시보드 제작
- 매일 팀과 함께 새로운 교육 자료 섹션 논의

일일 목표 예시 – 초급 (Beginner)
- 세일즈포스의 온라인 교육 모듈 하나 선택해 학습하기
- 시스템 내의 오래된 리드(완전히 미접촉 상태는 아님) 5명에게 전화하여 비즈니스 니즈를 파악하는 대화 연습하기
- 동료와 함께 '이상적인 고객 프로필(Ideal Customer Profile)'에 대해 논의하고, '계정 상태(Account Status)'의 각 단계 배우기
- 신규 계정 5개와 그 계정의 담당자 정보를 세일즈포스에 입력하고 대량 이메일 보내기
- 멘토와의 미팅하기
- 다른 팀의 구성원과 미팅하기
- 실제 영업 전화와 잠재고객 발굴 전화 듣기
- 나만의 '하루 일과(Day in the Life)' 초안 작성하기

일일 목표 예시 – 중급 (Intermediate)
- 세일즈포스에서 보고서나 대시보드 구성하기
- 나만의 업무용 핵심 요약서(Cheat Sheet) 커스터마이징하기

- 미접촉(Cold) 계정을 대상으로 하는 '연결 통화(Mapping Call)' 연습하기 (대표이사의 비서를 통해 적합한 담당자를 소개받는 방식)
- 팀원과 전화 상담 역할극(Role-play) 연습하기
- 대기업 고객(Fortune 1000 기업 중 하나)을 선정하여 3~5개 주요 사업부의 조직 구조(Account Mapping)를 파악하는 프로젝트 진행하기
- 이번 달 영업 계획 초안 작성하기 (비전, 접근 방법, 측정 지표 포함)
- '비즈니스 문제' vs. '비즈니스 솔루션' 역할극 실습하기
- 과거에 실패한 영업 기회('Dead Opportunities')를 대상으로 재접촉 캠페인 수행하기

4장.

잠재고객 발굴 & 영업 우수사례
Prospecting and Sales Best Practices

어떤 영업 담당자라도 바로 활용할 수 있는
성과 향상 팁과 노하우 모음.

SDR의 하루 일과 예시 ('Day in the Life')

하루 일과를 얼마나 명확한 의도를 가지고 설계하고 있는가?
다음은 SDR(Sales Development Rep, 영업 개발 담당자)의 하루를
효율적으로 구성한 이상적인 예시이다. 이를 참고해 회사 내
다른 역할의 직원들도 각자의 '이상적인 하루'를 설계할 수 있
다.

"Day In a Life" of a "Sales Development Rep" (Full-time)	
MY 3 GOALS TODAY :	
	1)
	2)
	3)

Example of daily goals: "Get 5 call conversations", "schedule 2 appointments", "complete and send a proposal",
"import 10 new accounts", "send 50 mass emails", "update my dashboard"...

When you first get in	Plan the day - what do you want to accomplish today?
7:30 AM - 8:30 AM	Handle hot email responses / tasks
8:30 AM - 8:45 AM	Personal
8:45 AM - 9:00 AM	Plan a calling session - targets and goals
9:00 AM - 11:00 AM	Calling Session - goal is 5 "Call Conversations"

이 예시에서는 오전 시간을 주로 신규 및 기존 리드에 대한
후속 관리에 할애하지만, 가장 중요한 시간은 아침에 하루의
목표 3가지를 정하는 처음 5분이다.

효과적인 하루는 주요 목표를 우선순위로 정리하는 것으로
시작하여, 오전에는 리드에 대한 즉각적인 대응(긴급하고 중요
한 업무)에 집중하고, 오후에는 미래를 위한 전화 업무와 계획
수립(긴급하지 않지만 중요한 업무)에 전념하는 방식으로 구성
된다.

점심 이후에는 예약된 전화, 데모 시연, 계획 수립과 같은
업무를 블록 단위로 배정하여 효율성을 높인다. 하루를 마무

리할 때는 저녁에 이메일 캠페인을 진행하여 다음 날 아침, 받은 편지함에서 새로운 응답을 바로 확인할 수 있도록 한다.

1:00 PM - 1:30 PM	
1:30 PM - 2:00 PM	
2:00 PM - 2:30 PM	
2:30 PM - 3:00 PM	
3:00 PM - 3:30 PM	
3:30 PM - 4:00 PM	
4:00 PM - end of day	Prepare to send your mass emails
End of day	Review open tasks, make sure no important ones slip through the cracks
Before leaving	Send mass emails (50)

열정과 에너지 유지하기

영업팀의 긍정적이고 지속 가능한 에너지를 유지하기 위해서는 약 90분마다 짧게 휴식을 취하고, 동료들과 충분한 점심 시간을 가지며, 퇴근 시간을 명확히 설정하는 것이 좋다(예: 오후 6시). 과로는 단기적으로는 더 많은 결과를 낼 수 있겠지만, 결국에는 구성원의 진정한 열정을 소진시켜 번아웃(burn-out)을 유발하고 이직률을 증가시킨다.

영업 담당자가 흔히 저지르는 6가지 잠재고객 발굴 실수

1. **즉각적인 결과를 기대하기**
   의사결정자가 다수인 중견 이상의 회사를 타겟으로 할 경우, 새로운 기회를 발견하는 데만 최소 2~4주 이상 걸릴 수 있다.

2. **너무 긴 이메일 작성하기**
   긴 이메일은 읽기 어렵고, 특히 모바일 환경에서는 더욱 그렇다. 상대가 휴대폰에서 쉽게 읽고 답할 수 있는 간단한 질문을 던지자. 이메일이나 통화 시에는 솔직하고 명확하게 접근하는 목적을 전달하자. 진실성이 최고의 마케팅 전략이다.

3. **얕고 넓게 접근하기**
   100개의 계정을 한 번씩 접촉하기보다, 10개의 계정에 10번씩 깊이 접근하는 것이 더 효과적이다.

4. **이상적인 타겟에서 너무 빨리 포기하기**
   진짜 결정권자로부터 명확히 "No"라는 답을 얻기 전까지는 포기하지 말고 지속적으로 접근하자. '기분 좋은 끈기(pleasantly persistent)'를 가지는 것이 중요하다.

5. **부적합한 타겟에서 너무 늦게 포기하기**
   끈기는 양날의 검이다. 적합하지 않은 고객에게 끈질기게 접근하는 것은 시간 낭비일 뿐이다.

6. **검증된 프로세스가 아닌 활동량 지표에 의존하기**
   단순히 하루 전화 건수보다는 '하루 동안 실제 대화 건수'나 '주간 미팅 횟수'를 추적하는 것이 훨씬 효과적이다. 매출과 직접 연결되는 명확한 프로세스를 가지고 성과를 측정하자.

추천하는 잠재고객 발굴 질문 예시

아래는 처음 통화하는 고객과의 대화를 자연스럽게 시작할 수 있는 질문 예시다:

"지금 통화가 어려우신가요?(Did I catch you at a bad time?)"

이는 내가 가장 좋아하는 첫 질문이다. 상대방의 시간을 존중하고 허락을 얻는 질문으로, 상대를 방어적으로 만들지 않고 대화를 자연스럽게 이끌 수 있다. 대부분의 경우 "지금 조금 바쁘지만, 무슨 일인지 간단히 말씀해 주세요"라며 10~15분 정도 대화를 이어갈 수 있다.

"귀사의 영업팀(마케팅 조직, 리서치 업무 등)은 어떻게 구성되어 있나요?"

사람들은 자신의 업무나 회사 이야기를 자연스럽게 하는 것을 좋아한다. 처음부터 "가장 어려운 문제는 무엇인가요?"라고 묻기보다는, 대답하기 쉽고 부담 없는 개방형 질문을 던져 상대방이 편안하게 이야기하도록 유도하자. 회사 구조나 업무 프로세스를 쉽게 설명하며 상대가 더 깊이 있는 이야기를 할 준비를 할 수 있다.

"만약 당신이 저라면, 귀사에 어떻게 접근하시겠습니까?"

상대가 친절하지만 결정권자가 아닌 경우 활용하기 좋은 질문이다.

"지금 바로 일정 확인이 가능하신가요?"

가능하다면 이메일보다는 반드시 전화 중에 일정을 잡자. 즉각적으로 상대의 캘린더에 일정을 잡아두는 것이 가장 확실한 방법이다.

빠르게 활용 가능한 잠재고객 발굴 팁

1. 전화는 아래로, 이메일은 위로(Call low/email high)
   바로 목표 인물에게 접근하기보다, 전화는 실무자급에게 걸어 내부 정보를 얻고, 이메일은 고위급 인사에게 보내 적합한 담당자를 소개받자.

2. 태도 설정하기
   밀어붙이는 영업사원이 아닌, 부담 없이 정보를 수집하는 연구자의 태도를 유지하라. 유용한 질문 예시 (전화나 이메일로 활용 가능):
   - (전화 전용): "지금 통화가 어려우신가요?"
   - "_____에 대해 논의하려면 누구와 이야기하는 것이 좋을까요?"
   - "귀사의 _____ [팀/프로세스/기능]은 현재 어떻게 [구성/운영]되고 있나요?"
   - "혹시 _____에 대해 저희가 도움을 드릴 수 있을지 짧게 논의해 보는 건 시간 낭비일까요?"

3. '한 입 크기 이메일(bite-sized emails)'을 작성하라
   - 이메일은 간결하고 명료하게! 상대방이 휴대폰으로 읽는다고 가정하라.

- 이메일 하나당 질문은 반드시 한 개만 포함시켜라.

4. 관심이 없다면 반드시 이유를 확인하라

- 고객이 관심이 없다고 하면 이유를 파악하자. 예를 들어 예산 문제, 우선순위 부족, 조직의 혼란 등.
- 더 깊이 파고들 가치가 있는지, 아니면 다른 계정으로 넘 어가야 하는지 판단하라.
- 이 과정은 단순한 거절인지 극복 가능한 반대 의견인지 확 인하는 데 매우 중요하다.

5. 이상적인 고객이라면 쉽게 포기하지 말라

- 이상적인 고객의 경우 실제 의사결정자에게서 명확한 "No"를 듣기 전까지 포기하지 말자. 다른 임원이라도 진 짜 결정권자가 아니라면 "No"를 그대로 받아들이지 말라.
- 윈스턴 처칠이 말했듯이, **"절대로, 절대로, 절대로 포기하 지 말라!"** (이상적인 고객일 때)

6. 항상 다음 단계를 설정하라

- 당신과 고객 모두에게 유익한 다음 단계를 설정하라. 고객 에게 가치를 제공하는 형태로 제안하라. "시간을 절약할 수 있는 가장 좋은 방법은…", "의사결정 과정을 빠르게 도 와드리려면…", "귀사의 팀이 다음과 같은 것을 배울 수 있 습니다…"
- 고객 중 약 25%는 스스로 원하는 다음 단계를 분명히 밝 힌다. 이 경우 고객의 요구를 받아들이고, 여기에 자신이 원하는 과정을 추가하여 보완하라. "데모를 원하시면 바

로 준비하겠습니다. 보다 효율적인 데모 진행을 위해 미리
이 다섯 가지 질문에 답해 주시면 좋겠습니다."
- 나머지 75% 고객은 다음 단계를 영업 담당자가 제시하길
기다린다. 구매 평가와 결정 과정을 안내하는 역할을 수행
하라. 구체적이고 효과적인 다음 단계의 제안을 미리 준비
하라. "다른 고객들이 가장 효율적으로 활용했던 다음 단
계는…"

이러한 팁을 직접 적용해 보고, 당신의 시장에서 가장 효과적
인 질문과 모범 사례를 지속적으로 기록하라. 이를 정리하여
신규 영업사원의 교육 자료나 경험 많은 담당자의 영업 준비
용 자료(Cheat Sheet)로 활용하면 좋다.

시간 관리와 집중력 팁: '하루 3가지 목표'

모든 영업 담당자와 CEO에게 유용한 시간 관리법 중 하나는
하루 전날 다음날 달성할 주요 목표 3~5가지를 미리 설정하
는 것이다.

스스로 질문하라. **"내가 내일 오직 세 가지 일만 완료할 수
있다면, 어떤 일을 선택할 것인가?"** 생각보다 하루에 중요한
세 가지를 달성하기가 쉽지 않다.

간단한 영업 일일 목표 예시:

- 전화 통화 5건 진행하고 기록하기
- 대량 이메일 캠페인 150건 보내기

- 새로운 영업기회 1건 검증(Qualify)하기
- '상황 파악(Scoping/Discovery)' 미팅 2건 예약하기
- 다음 달의 성공 계획(목표, 활동, 방법)을 작성하기

세일즈포스에서의 대시보드 예시

영업팀을 위한 대시보드

고객사에 대시보드를 구성할 때는 일반적으로 세 개의 열로 배치할 것을 권장한다.

- **왼쪽:** 현재 월의 영업 활동(진행 중인 활동의 양)
- **가운데:** 현재 월의 결과와 성사된 계약
- **오른쪽:** 장기적인 결과(연간 누적 성과, Year-to-date)

SDR(영업 개발 담당자) 개인 대시보드 예시

SDR 대시보드 구성요소 예시

활동	현재 영업기회	파이프라인 및 매출
이번 주 어떤 이메일이 누구에게 열렸는가?	단계별 전체 영업기회	직접 발굴한 단계별 전체 파이프라인
이번 주 진행된 "전화 상담(통화 내용)"	적격성 평가 준비가 완료된 영업기회	직접 발굴한 거래의 예상 매출
이번 주 발송 대량 이메일 수	이번 달 할당량(Quota)에 승인된 영업기회 수	"계정 상태"별 전체 고객사 계정 현황

모든 영업 담당자는 개인별 대시보드를 만들어 자신의 업무 상태를 한눈에 파악하고, 관리자가 쉽게 코칭하거나 도움을 줄 수 있도록 해야 한다.

다음은 3x3 매트릭스 형식으로 구성한 대시보드 예시이며, 위와 같은 3열 방식을 따른다.

- **왼쪽:** 현재 월의 영업 활동 (진행 중인 활동의 양)
- **가운데:** 현재 월의 결과와 성사된 계약
- **오른쪽:** 장기적인 결과 (연간 누적 성과, Year-to-date)

모든 팀의 특성이 다르기 때문에, 위의 주요 지표와 보고서들을 기본으로 삼되 각자의 필요에 맞게 적절히 커스터마이징하는 것이 중요하다.

5장.

세일즈 우수사례
Sales Best Practices

영업 사이클 단축, 생산성 극대화.

성공을 위한 영업 (Sell to Success)

'예측 가능한 매출(Predictable Revenue)' 방식의 핵심은 바로 '성공을 위한 영업(Selling to Success)'이다.

이는 회사의 비전과 가치에 진정으로 공감하는 영업사원을 채용하고 훈련시키는 것을 뜻한다. 이런 영업사원은 잠재 고객이 자사의 비전을 이해하고 공감하도록 돕고, 이후 실제 고객의 성공을 지원함으로써 자연스럽게 매출을 만들어낸다.

이들은 장기적으로 적합하지 않은 고객과는 계약하지 않는다. 훌륭한 팀원들과 협력하며 서로 배우고 성장하는 팀 문화를 지향한다. 물론 보상도 중요하지만, 보상이 가장 중요한 요소는 아니다.

전통적인 'ABC' 영업 방식의 문제점

전통적인 영업 마인드를 가진 사람들은 흔히 '항상 마무리 짓기(Always Be Closing, ABC)'를 강조한다. 이들은 동료와 파괴적으로 경쟁하고, 장기적으로 적합하지 않은 고객과도 계약을 맺는다. 오직 수익을 위해 일하며, 보상 외에는 일하는 동기가 거의 없다.

이러한 'ABC 방식'은 두 가지 필수적인 요소를 간과한다. (1) 계약 협상 전에 고객의 성공 계획(Success Plan)을 수립하는 것. (2) 계약 이후에 지속적으로 고객의 성공(Customer Success)을 돕는 것.

'클로징(Closing)'이 인위적인 이유

영업 담당자들은 계약 성사로 보상을 받으며, 관리자는 보통 두려움이나 압박을 통해 이들을 관리한다. 공포와 압박은 전통적인 영업 관리에서 흔히 사용되는 방법이다. 영화『글렌게리 글렌 로스』의 악명 높은 영업 동기부여 연설인 "Always Be Closing!" 처럼 극단적인 예시도 있지만, 이 연설 속에는 현실의 영업 환경을 반영한 진실이 담겨 있다.

보상을 받고, 관리자가 끊임없이 압박을 가하면 담당자의 행동은 왜곡된다. 결국 고객의 입장을 이해하고 공감하는 능력이 사라지고, 오로지 **"계약 성사"** 만을 목표로 하게 된다. 역량 있는 관리자는 담당자가 옳은 일을 할 수 있도록 독려하지만, 두려움을 이용해 관리하는 리더는 상황을 더욱 악화시킨다.

이러한 방식의 결과는 늦은 밤 TV 광고처럼 고객에게 지나치게 높은 압박을 가하는 영업 형태다. **"지금 구매하면 월말 할인을 드립니다!"** (고객의 입장에서 생각해 보라. 이번 달 할인을 다음 달에 못 받을 이유가 있는가?)

당신이 오늘 가하는 높은 압박은 단기적 성과를 만들어낼지 모르지만, 장기적 결과와 고객 및 직원의 신뢰를 희생하는 것은 아닌지 돌아봐야 한다.

고객의 관심사는 '계약 체결'이 아니다

고객은 당신이 계약을 체결하느냐 마느냐에 관심이 없다. 그들은 자신의 사업을 개선하는 데 관심이 있을 뿐이다. 영업 현장의 압박 속에서는 쉽게 잊어버리게 되는 사실이다.

당신은 이 사실을 '알고 있다'고 말하겠지만, 실제로 그렇게 영업하고 있는가? 기억하고 실천하는가? 영업팀은 흔히 커미션, 할당량(quota), 압박 때문에 이 본질을 자주 잊어버린다. 담당자와 관리자 모두가 끊임없이 이를 상기해야 한다.

계약 이후를 준비하는 '성공 계획(Success Plan)'

계약 체결 자체가 목표가 아니라, 고객이 원하는 성공의 비전을 계약 이후까지 연결하라. 고객이 자신들의 성공을 스스로 정의하도록 돕고, 이를 달성할 수 있게 지원하라.

고객의 성공은 단지 서비스를 시작하는 순간이 아니라, 실제로 고객의 사업에 긍정적인 영향을 줄 때이다. 예를 들어, 소프트웨어가 배포(deployed)되는 순간이 아니라 고객 조직에서 실제로 잘 활용(adopted)되는 순간이다.

푸시 세일즈(Push Selling) vs. 풀 세일즈(Pull Selling)

고객 성공 계획을 바탕으로 영업하는 방식의 장점은 잠재 고객을 강압적으로 판매 주기에 밀어 넣는(Push) 것이 아니라, 고객 스스로 구매 주기에 자연스럽게 끌려 들어오도록(Pull) 유도한다는 것이다.

잠재 고객을 억지로 영업 과정에 밀어 넣는 방식은 스트레스가 클 뿐만 아니라 효율성도 떨어지고, 장기적으로 회사에 적합하지 않은 고객이 늘어나는 결과를 초래한다. 반면, 고객 성공을 목표로 하는 세일즈는 잠재 고객의 목표와 원하는 바를 정확히 파악하고, 회사의 제품이나 서비스가 그 목표를 달성하는 데 어떻게 도움을 줄 수 있는지 명확히 연결함으로써 고객이 자발적으로 구매 의사 결정을 하도록 돕는다.

핵심 포인트

고객 성공 중심의 세일즈를 위한 핵심 포인트 중 하나는, 영업 마무리(Closing)에 과도하게 집착하지 않는 것이다. 마무리에 지나치게 집착하면 영업 담당자의 무의식적인 신호가 고객에게 전달되어, 고객은 영업 담당자가 자신들의 성공보다는 단순히 매출을 올리거나 관리자에게 보고하는 것에 더 관심이 있다고 느낄 수 있다. 역설적으로 영업 마무리에 너무 많은 스트레스를 받을수록 실제 계약 성사 가능성은 더 낮아진다.

영업 마무리를 자연스러운 단계로 만드는 법

만약 고객과 영업 담당자가 고객의 성공에 대한 명확한 비전 (Joint Vision)을 함께 세우고 고객이 이를 진심으로 믿게 된다면, 계약 체결은 비전을 달성하기 위한 자연스러운 과정의 한 단계로 자리 잡게 된다. 이렇게 하면 마무리(Closing)라는 인위적인 느낌이 사라지고 자연스러운 구매가 이루어진다.

고객 성공 중심의 세일즈를 돕는 두 가지 실천 방법

첫째, 영업 마무리를 진행하기 전에 반드시 간단한 형태의 '성공 계획'을 마련하라. 이 성공 계획은 제품 도입(Deployment)을 넘어 고객이 실질적인 성공을 이루는 단계까지의 구체적인 과정을 보여주는 간단한 비전이라고 볼 수 있다. 고객의 관점에서 성공이란 무엇인지 명확히 정의하고, 이를 이루기 위한 주요 마일스톤-, 그리고 이를 달성하는 데 있어 회사와 고객 양측의 책임을 간단히 명시하라.

성공 계획은 이메일에 5~6개의 간결한 항목으로 작성해 고객과 합의하면 충분하다. 누구나 이 계획의 핵심과 비전을 빠르게 이해할 수 있어야 한다. 복잡한 계획은 오히려 방해가 된다.

고객이 자신의 성공 비전을 명확히 그릴수록, 계약을 성사시키기 위해 고객 스스로 거래를 추진하려고 할 것이다.

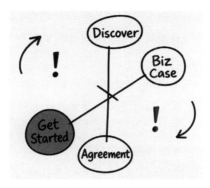

둘째, 고객의 지속적 성공을 위한 명확한 계획을 세워라. 회사 내에 고객이 제품이나 서비스를 잘 활용하여 성공을 거두도록 전담하는 팀이나 역할이 마련되어 있는가? 고객의 성공을 고객 혼자 책임지도록 떠넘기기 쉽지만, 실제로 고객의 성공을 돕는 일은 회사에도 똑같이 중요한 책임이다. 고객이 성공할 때 회사 역시 성공한다. 이는 옳은 일일 뿐 아니라, 장기적으로도 매우 수익성 있는 일이다.

세일즈 사이클을 질질 끄는 9가지 실수

모든 회사의 끝나지 않는 목표 중 하나는 **"어떻게 영업 사이클을 단축할 수 있을까?"** 하는 것이다. 마법 같은 해결책(silver bullet)은 없지만, 영업 사이클이 길어지는 패턴과 이를 단축할 수 있는 방법은 존재한다. 영업 사이클을 길어지게 만드는 이유는 수도 없이 많지만, 가장 중요한 9가지는 다음과 같다.

1. **잘못된 잠재 고객과 부적절한 메시징**

   시장과 메시지를 정확히 설정하는 데 생각보다 오랜 시간이 걸린다. 기업들은 수시로 잘못된 사람들에게 영업하거나, 혹은 적절한 고객에게도 투자자에게만 멋져 보이는 추상적인 용어로 접근한다.

   더 많은 고객을 얻고 싶은 욕구 때문에, 조금이라도 관심을 보이는 사람에게 필사적으로 매달리는 것이 사람의 본성이다.

   "틈새를 공략하라, 부자가 된다."

   이상적인 고객(Ideal Customer)에 마케팅과 영업을 집중하지 않으면 결국 제품을 필요로 하지 않는 고객, 또는 왜 필요한지조차 모르는 고객에게 시간과 에너지를 낭비하게 된다.

2. **명확한 영업 프로세스가 없음**

   명확한 영업 프로세스가 없는가? 당장 하나를 만들어라.

   어떤 프로세스라도 없는 것보다는 낫다. 일관성 있게 작동하는 프로세스는 미흡하더라도 개선할 수 있지만, 무작위 프로세스는 개선조차 불가능하다.

3. **좋은 영업 프로세스는 있지만 제대로 활용되지 않음**

   훌륭한 영업 프로세스를 가지고 있어도 여전히 어려움을 겪는 경우가 있다. 담당자들이 실제로 그 프로세스를 따르고 있는? 프로세스가 간단한가? (복잡하면 지켜지지 않는다.) 실제 현장에서 그 프로세스는 어떻게 작동하는가? 회사의 상황에 맞게 프로세스를 조정했는가?

   담당자들이 실제 하루 동안 어떤 활동을 하는지, 그 활동의 효과성을 마지막으로 확인한 것이 언제인가?

4. 이기적인 판매' vs. '고객 문제 해결'

당신의 영업 담당자는 거래를 밀어붙이기만 하는가, 아니면 실제로 고객의 문제를 해결할 수 있음을 보여주는가?

충분히 부적합한 고객을 제외(disqualify)하는가? (판매만 강조하는 영업사원은 충분히 제외(disqualify)하지 않는다.) 담당자들이 고객이 진정으로 원하는 것을 제시하여 고객 스스로가 당신의 제품이나 서비스를 원하게 만들고 있는가?

5. 낮은 직급을 대상으로만 영업하는 것

누가 구매에 영향력을 행사하고, 누가 승인 권한을 가졌는지 초기에 확인하라. 이것이 특별히 혁신적인 조언은 아니지만 영업 담당자들이 흔히 놓친다. 담당자들은 임원과 대화하기를 두려워하고, 결정권자에게 과감한 질문을 하면 거래가 깨질까 걱정한다. 결국 편하게 대화를 나눌 수 있는 낮은 직급의 사람들과만 시간을 보내는 경우가 많다.

- 파이프라인 점검이나 개별 코칭 시간에는 담당자들이 얼마나 결정 프로세스와 의사결정자를 파악하는 데 에너지를 쓰고 있는지 철저히 확인하라.
- 직접 의사결정자와 연결되지 않았다면 내부의 챔피언(Champion, 내부에서 당신을 지지하는 사람)이 내부적으로 설득을 도울 수 있도록 지원하라. (내부 챔피언이 당신의 제품을 사내에서 어떻게 팔아야 하는지 안다고 가정하지 말라!)
- 아웃바운드 영업을 할 때는 목표 인물보다 한두 단계 높은

직급에서 시작하라.

- 사내에서 의사결정자 역할을 할 수 있는 사람과의 역할극을 통해 영업 담당자에게 자신감을 심어주고 고위층과의 대화 역량을 키워라.
- 제품과 마케팅을 좀 더 높은 직급을 대상으로 어필할 수 있도록 재구성하라.

6. 고객의 구매 프로세스(혹은 계약 체결까지 필요한 절차)에 대한 이해 부족

고객에게 직접 그들의 구매 프로세스가 어떻게 진행되는지 물어보라. 모든 회사는 각기 다른 방식의 구매 과정을 가지고 있다. 이것을 깊이 파악할수록 고객이 당신의 제품이 적합한지 빠르게 확인할 수 있다.

만약 고객의 평균 구매 프로세스가 6개월이라면, 3개월 시점에서 초조해할 이유가 없다.

- "이런 제품을 평가하고 구매할 때 귀사의 일반적인 절차는 무엇인가요?"
- "30일(또는 60일/90일) 안에 계약을 완료하려면 어떤 절차가 필요할까요?"
- (영업 후반 단계에서) "어떻게 하면 이 계약을 성사시킬 수 있을까요?"

질문이 과감한가가 중요한 것이 아니라, 그 질문을 어떻게 하는지가 중요하다. 불안하게 질문하면 오히려 역효과가 날 수 있다. 쉽고 자신감 있게 질문하면 계약 성사에 도움이 될 수 있다.

7. 고객에게 진정한 관심이 없음

당신은 고객의 사업을 돕고 싶은가, 아니면 단지 무언가 팔고
싶은가? 뛰어난 영업사원은 항상 고객의 성공에 초점을 맞춘
다.

지금 당장 판매와 직접 연결되지 않더라도 고객에게 도움을
줄 수 있는 자료, 뉴스, 조언, 추천 등 가치 있는 정보를 제공
할 수 있는가? 전화할 때, 고객의 비즈니스 상황에 진정한 관
심을 가지는가, 아니면 단지 계약 여부에만 초점을 맞추는
가? 고객의 성공에 초점을 맞추면 신뢰가 쌓이고, 이는 결과
적으로 더 많은 매출로 연결된다.

8. '보여주기'가 아닌 '말로만' 판매하기 (증명할 방법은?)

계약 체결이 어려운 계정이나 정체된 잠재고객에게는 무료
체험과 같이 실제 가치를 제공할 수 있는 기회를 주라.

단지 당신의 회사가 얼마나 뛰어난지 말로만 설명하지 말고,
실제 경험을 통해 증명하라. 무료 체험 기회를 제공하면 고객
은 자연스럽게 당신의 역량을 체감할 수 있다. 다만, 무조건
무료 혜택을 제공하기보다는 고객의 실제 필요와 문제에 맞
게 제공해야 의미가 있다.

9. '부적합한 고객'을 제외하는 데 주저함

Tom Batchelder의 책 『Barking Up A Dead Horse』를 추천한다.
절박함, 압박감 또는 '이상적인 고객 프로필'에 대한 불명확
성으로 인해 많은 영업사원과 경영진이 부적합한 기회에 매

달려 에너지를 낭비한다. 이는 단지 이미 눈앞에 기회가 있기 때문이다.

매달 정기적으로 파이프라인을 점검하여 부적합한 기회를 과감히 제외(disqualify)하고, 새로운 고품질 기회를 위한 공간을 확보하라.

의사결정 '담당자'보다 '과정'에 집중하라

과거의 영업 방식에서는 오직 의사결정권자만을 공략했고, 그 외 다른 구성원들은 중요하지 않다고 여겼다. 하지만 오늘날은 임원진이 과거 어느 때보다 더 바쁘고, 기업 문화가 더욱 협력적이며 수평적으로 변화하면서, 의사결정권자들이 제품이나 서비스의 구매를 결정할 때 점점 더 팀원의 의견에 의존하는 추세다.

예전에는 의사결정권자가 영업 담당자를 하급자에게 연결해줄 때, 이는 그 제품이나 서비스가 중요하지 않다고 생각하거나, 담당자를 만나지 않고 피하려는 의도로 간주되었다. 그래서 영업 담당자들은 어떤 수단을 동원해서라도 이러한 반대를 뚫고 의사결정권자와 직접 대면해야 한다고 훈련받았다.

하지만 이제는 의사결정권자보다 '의사결정 과정'을 이해하는 것이 더 중요하다. 이제는 다음과 같은 질문을 피하라.

- "최종 의사결정권자가 누구인가요?"
- "결재권자는 누구인가요?"

대신 다음과 같은 질문을 던져라.

- "비슷한 제품이나 서비스를 도입할 때 어떻게 평가하고 결정하셨나요?"
- "회사 내에서 의사결정 과정이 어떻게 이루어지나요?"
- "결정 과정에는 어떤 분들이 참여하나요?"
- "최종 결정은 어떤 절차로 내려지나요?"
- "실제 계약이나 대금 지급 과정은 어떻게 진행되나요?

지금은 의사결정권자가 여러분을 실무자(인플루언서, Influencer)에게 넘길 때, 이를 무시할 이유가 전혀 없다. 오히려 고객사를 공략하기 위한 훌륭한 출발점이 될 수 있다.

그렇다고 해서 초기에 의사결정권자를 아예 무시해야 할까? 당연히 아니다.

영업 담당자들은 의사결정권자와의 관계 구축을 시도하는 것을 결코 두려워해선 안 된다. 다만, 처음부터 급하게 접근할 필요는 없다(물론 초기에 만나면 큰 도움이 되겠지만).

그렇다면 최종 의사결정권자와의 관계가 덜 중요해졌다는 의미일까? 역시 아니다.

우선 내부의 챔피언(Champion, 여러분의 제품을 지지하는 실무자)과 코치(Coach, 내부에서 도움을 주는 실무자)를 먼저 설득하여 비즈니스 타당성을 입증한 뒤, 최종 의사결정권자를 만나야 한다. 초기에 의사결정권자와 좋은 관계를 형성하는 것이 좋지만, 최소한 실무자들이 여러분의 제안을 지지하거나 동의할 때까지는 의사결정권자에게 직접적으로 '영업'하는 것을 피하는 게 좋다. 그 전에 회사에 대한 이해와 신뢰부터 쌓아야 한다.

만약 의사결정권자의 실무자들이 아직 확신하지 않은 제안을 들고 최종 결정권자에게 접근한다면, 여러분은 준비되지 않은 사람, 또는 전형적으로 '영업 냄새'가 나는 사람으로 비칠 것이다.

마지막으로, 영업 담당자가 고객사의 내부적인 의사결정 과정을 제대로 이해하지 못하면 (매우 흔한 실수다!) 영업이 얼마나 걸릴지, 계약 체결 가능성이 어느 정도인지, 어디에 숨어 있는 리스크가 있는지 명확히 파악하기 어렵다.

바쁜 영업 담당자일수록 잠재 고객의 내부 의사결정 과정에 대해 충분히 자세한 질문을 하지 않거나, 충분히 적극적으로 묻지 않는 경우가 많다.

만약 당신이 영업 담당자라면, 지금 진행 중인 상위 5개 거래에 대해, 고객사의 내부 의사결정 과정을 얼마나 명확하게 파악하고 있는가?

만약 당신이 영업 리더(세일즈 임원)라면, 팀원들이 주요 거래의 현황이나 다음 단계뿐 아니라 고객사의 실제 의사결정 과정을 얼마나 명확히 이해하고 있는지 점검해 보라.

무료 체험(Free Trials)의 전환율을 높이는 9가지 원칙

아래 원칙들은 영업 담당자가 고객과 협의하며 진행하는 방식의 무료 체험을 기준으로 작성되었지만, 고객이 직접 관리하는 온라인 셀프 트라이얼(Self-managed trial)에도 그대로 적용할 수 있다.

1. 잠재 고객과 함께 체험을 설계하고, 실행을 도와라

그저 제품의 무료 체험을 던지듯 제공하지 마라. 고객이 스스로 원하고, 성공 기준을 정하며, 실행하고 확장할 수 있도록 참여시켜라. 고객이 성공하도록 적극적으로 지원하라. 고객의 성공이 곧 당신의 성공이다.

2. 체험을 시작하기 전에 고객의 비즈니스 문제를 충분히 파악하라

당연한 이야기 같지만, 영업 담당자들은 너무 빨리 데모나 무료 체험을 진행하고 싶어 제대로 준비하지 않는 경우가 많다. 또한 여러 명의 실무자가 참여하는 경우 고객 스스로 원하는 것을 명확히 모를 수 있다. 고객의 핵심 과제와 필요를 충분히 분석하지 않으면 성공적인 체험 설계 자체가 어렵다. 고객의 궁극적인 목표부터 명확히 하고 시작하라.

3. 체험이 고객의 구매 과정(또는 당신의 영업 과정)에서 어디에 위치하는지 합의하라

무료 체험은 보다 긴 판매 과정(Sales Cycle) 또는 구매 과정(Buying Cycle)의 한 단계일 뿐이다. 체험이 성공적으로 끝난 다음 단계는 무엇인가? 이 질문에 대한 답을 체험 시작 전에 고객과 미리 명확히 해 두라.

4. 모든 문제를 해결하려 하지 말고, 핵심 문제 몇 가지(또는 한 가지)에 집중하라

체험의 성공은 고객이 명확히 가치를 체감할 때 이루어진다. 모두가 바쁘므로, 가장 적은 시간과 노력으로 최대한의 효과를 낼 수 있는 지점에 집중하라. 초기에 작고 빠른 성공 사례를 만들어 고객에게 보여준 뒤, 점진적으로 확장하라. 고객에게 "이번 체험을 통해 1~3가지 핵심 문제를 해결한다면 무엇이 가장 중요할까요?"라고 물어보라.

5. 고객과 함께 '성공적인 체험'의 기준을 정의하라

고객(특히 의사결정권자)이 무엇을 보고 체험이 성공적이라고 판단할지 사전에 함께 정의하라. 고객에게 "고객 입장에서 성공이란 무엇인가요?", "체험이 끝난 후 다음 단계로 넘어가기 위해 반드시 이루어야 하는 성과는 무엇인가요?"와 같은 질문을 주저하지 말고 던져라.

6. 명확한 마일스톤(Milestone)을 설정하라

구체적이고 명확한 마일스톤을 제시해 단계별로 성과를 관리하라. 마일스톤 달성은 추진력을 높이고 성공을 입증하는 효과적인 수단이다. 예를 들어, "첫 주에 사용자 80%가 교육 완료", "임원용 대시보드 3개 구축 완료", "체험 기간 동안 50개 신규 리드(Lead) 확보" 같은 간단한 목표를 설정하고, 필요에 따라 중간에 수정해도 좋다. 항상 고객이 다음 단계로 나아갈 명확한 목표를 제시하라.

7. 고객(및 고객팀)의 참여와 책임을 확보하라

고객이 무료 체험에 동의했다고 해서 반드시 체험을 끝까지 수행하리란 보장은 없다. 고객 내부에서 충분한 합의가 없으면 중간에 흐지부지될 수 있다. 고객에게 체험 성공을 위해 얼마나 시간과 노력을 투자해야 하는지 명확히 알려주고 동의를 얻어라.

- Tip: 고객이 미리 몇 주간의 주요 일정과 중간 점검을 캘린더에 예약하도록 유도하라. "나중에 정신없이 바쁠 수 있으니 지금 미리 일정을 잡아두죠."라는 방식이 효과적이다.

8. 무료 체험 과정을 최대한 단순화하라

어떻게 하면 고객 입장에서 체험 과정이 쉽고 간단해질 수 있을지 고민하라. 고객이 고민하거나 혼란을 느끼게 하면 안 된다. 복잡성은 고객을 마비시킨다. 명확하고 간단한 단계별 가이드, 설명서 또는 교육 자료를 준비하여 고객이 쉽게 성공을 경험할 수 있도록 도와라.

9. 기대치를 명확히 설정하라

성공과 실패는 결국 기대치 관리에서 결정된다. 당신은 과도한 약속으로 고객을 실망시키는 편인가, 아니면 그 반대인가? 기대치 관리는 고객과의 신뢰를 좌우하며, 영업 성과를 결정짓는 매우 중요한 요소다. 기대치를 신중히 설정하고 반드시 그 기대치 이상으로 성과를 제공하라.

3시간 15분 만에 끝내는 세일즈 프로세스

영업 사이클의 길이만큼 중요한 것은 각 영업 담당자가 하나의 계약을 성사시키기 위해 실제로 투입하는 시간이다. 어떻게 해야 담당자들이 더 효율적이고 효과적으로 움직여 더 많은 계약을 성사시킬 수 있을까?

많은 영업 담당자들이 아직 초기 단계이거나 진행이 멈춰버린 영업기회에 불필요한 시간을 낭비한다. 예를 들어 다음과 같은 상황이다.

> "안녕하세요, 밥. 혹시 그쪽 상황에 변화가 있나 해서 전화 드렸습니다. 아직 없나요? 알겠습니다. 그럼 2주 뒤에 다시 연락드리겠습니다…"

여기서 예시로 든 '밥'이라는 사람은 영향력이나 권한이 없을 수도 있고, 아무리 오랫동안 연락을 시도해도 거래가 성사되지 않을 가능성이 높다.

내가 개발한 '3시간 15분' 영업 프로세스는 영업 초기에 계약의 적합성을 빠르게 검증하고, 결정권자에게 접근하며, 고객과 공동의 비전을 구축하는 데 큰 도움이 된다. 매우 간단한 프로세스로, 내가 영업 컨설팅을 처음 시작할 때, 서로가 함께 일할지 여부와 그 시기를 최소한의 시간 안에 빠르게 결정하기 위해 만들었다.

이 프로세스의 목표는 다음과 같다.

- 초기 단계에서 빠르게 적합성 여부를 판단하기(Qualification 또는 Disqualification)
- 실제 권한을 가진 여러 의사결정자에게 접근하기
- 고객과의 공동 비전을 초기에 설정하기

이 프로세스는 총 3시간 15분으로 구성되어 있으며, 이를 통해 양측 모두 서로 적합한지, 언제 협력하는 것이 적절한지 빠르게 판단할 수 있다. (심지어 그 시점이 지금 당장이 아니더라도 말이다.)

1단계: 첫 접촉 (15분) - '시간 낭비는 아닌가?'

누군가로부터 잠재고객을 소개받았거나, 잠재고객에게 처음 응답을 받아서 첫 대화를 하게 됐다고 가정하자. 이 첫 번째 대화에서 15분을 활용해, 더 깊은 논의를 이어갈 가치가 있는지 아니면 시간 낭비일지 빠르게 판단해야 한다.

요즘 사람들은 너무 바쁘고 정신이 없기 때문에, 오히려 다음 단계를 명확히 알려주는 것을 선호한다. 이 첫 대화부터 바로 기대치를 설정하자. 다음처럼 고객에게도 유익한 방식으로 명확한 절차를 제시하라.

> "저희는 서로 적합한지 빠르게 확인하기 위해 가장 좋은 방법을 찾았습니다. 두 단계로 이루어져 있는데요. 첫 번째는 조금 더 심도 있는 '디스커버리(Discovery)' 미팅이고, 고객님 외에도 추가로 필요한 분들이 참여하실 수 있습니다. 그리고 이 미팅이 잘 진행된다면, 다음으로 주요 관계자분들과 함께 그룹 화이트보딩(Whiteboarding) 세션을 통해 우리가 협력할 수 있을지, 어떻게 할지, 또 그 시기는 언제가 될지 구체적으로 논의할 수 있습니다."

2단계: 검증(디스커버리) 통화 (1시간) - '정말 적합한가?'

이 단계에서는 고객사에서 일반적으로 새로운 공급업체를 평가하는 담당자 한두 명과 심도 있는 대화를 한다. 이들은 당신과 당신의 회사에 대한 긍정적 인상을 얻고 나서야 자신들의 팀 내 추가 평가자와 의사결정자들을 소개하려 할 것이다.

당신도 이 과정에서 고객을 검증하고 적합하지 않다면 빠르게 제외해야 한다.

적합하다고 판단된다면, 주요 의사결정자가 참여하는 구체적인 워크숍 또는 화이트보딩 세션을 준비하는 계획을 고객과 함께 수립해야 한다.

모든 잠재 고객과 이렇게 진행하는 것이 현실적으로 어렵겠지만, 생각보다 어렵지 않다. 자신 있게 당신의 프로세스를 제안하고, 왜 그들이 따라야 하는지 이유를 설명할 수 있다면 고객도 기꺼이 동참하게 될 것이다. 고객도 몇 달 동안 계속 연락받으며 지치는 것보다는, 지금 빨리 적합성을 판단하는 게 더 좋다고 생각할 것이다.

3단계: 그룹 워크숍 세션 (2시간) – '우리는 함께 일할 만한가?'

이 세션의 목적은 고객과 당신의 회사가 함께 성공할 수 있는 비전을 공동으로 만드는 것이다. 고객에게 단순히 당신의 아이디어를 설명하기보다는, 고객이 당신의 제품을 통해 어떻게 성공할지 스스로 비전을 그려보도록 유도하는 것이다.

초반에 슬라이드를 활용해 소개와 상황을 간략히 설명하는 것은 괜찮지만, 가능한 빨리 화이트보드를 사용해라. 화이트보드를 활용하면 양측이 한 팀으로서 실시간으로 아이디어를 구체화하고 협력할 수 있다.

전화나 온라인으로 진행하는 경우라면 당연히 대면보다 도전적이겠지만, 여전히 컨셉과 목표, 범위를 명확히 설정하고 고객이 현실적이고 매력적인 비전을 함께 구축할 수 있도록 도와야 한다.

유능한 영업사원의 핵심 역량

잠재 고객에게 어떤 어려움이나 문제점이 있는지 물으면, 고객들은 흔히 자신이 원하는 해결책을 마치 문제인 것처럼 이야기한다. 예를 들어, "우리 회사는 새로운 마케팅 시스템이 필요해요." 또는 "우리 마케팅 시스템은 제대로 작동하지 않아요."와 같은 말은 진짜 문제가 아니라, '해결책'을 '문제'로 포장한 표현이다. 고객이 정말 말하고 싶은 것은 "새로운 마케팅 시스템을 원한다"는 것이다.

고객이 일부러 숨기는 것이 아니다. 대부분의 경우 고객 스스로 문제의 근본적인 원인을 깊이 생각해 본 적이 없기 때문이다. 즉, 고객들은 실제로 자신이 겪고 있는 문제의 본질을 잘 모르는 경우가 많다. 따라서 당신은 고객이 스스로 자신의 근본 문제를 발견하도록 도와줘야 한다.

- 고객: "우리 회사는 재무 시스템과 영업 시스템을 통합할 필요가 있어요." → 이것은 문제나 고통이 아니라, 고객이 바라는 해결책이다. 왜 필요한지 물어라.
- 고객: "보고서에 부정확한 정보가 많아서요." → 아직도 근본적인 문제가 아니다. 다시 왜 중요한지 물어라.
- 고객: "우리 임원이 CFO에게 보고한 자료가 나중에 잘못된 것으로 밝혀졌거든요." → 이제 진짜 문제를 찾았다! 부정확한 보고서 때문에 효과적인 계획이나 비즈니스 의사결정을 내릴 수 없다는 것이 고객의 진짜 고통(Pain Point)이다.

이렇게 진짜 문제를 찾아내는 일은 숙련되지 않은 영업 담당자에게 쉽지 않다. 영업팀 내에서 정기적으로 역할극(Role-playing)을 실시하고, 악마의 변호인(Devil's advocate) 역할을 맡아서 팀원들이 고객의 겉으로 드러난 해결책 속에서 진정한 문제를 끌어낼 수 있도록 훈련하라.

제안서는 고객이 '받을 자격'을 얻었을 때 준다

혹시 당신의 영업팀은 길거리에서 무작정 전단지를 나눠주듯, 아무에게나 쉽게 견적서나 제안서를 보내고 있지 않은가?

제안서나 견적서를 너무 빨리 내주는 것은 비용이 든다. 고객은 제안서와 당신의 시간 모두를 가볍게 여기게 되고, 고객 스스로 제안서를 받을 만한 다음 단계의 행동을 취할 기회마저 없어진다.

흔한 상황을 보자:

- 당신은 데모를 진행한다.
- 데모가 끝나고 고객은 가격이나 제안서를 요청한다.
- 당신은 후속 이메일에 제안서를 첨부하겠다고 말한다.
- 고객은 "감사합니다."라고 말한다.
- 당신은 제안서를 보낸다.
- 그리고 고객으로부터 다시는 연락이 없다.

이렇게 쉽게 제안서를 뿌려서는 아무에게도 도움이 되지 않는다. 하루에 제안서를 많이 보냈다는 사실이 기분 좋게 느껴질 수는 있지만, 실제로 얼마나 많은 계약으로 돌아오는가?

만약 제안서를 보낸 뒤 성사율(수주율)이 50% 이하라면, 당신은 너무 쉽게 제안서를 나눠주고 있는 것이다.

다음번에 고객이 가볍게 가격이나 제안서를 요구하면, 고객이 그것을 정말 원한다는 것을 확인하기 전까지는 보내지 마라. 고객에게 이렇게 말하라. "제안서를 기꺼이 보내드리겠습니다만, 제안서가 정확히 고객님의 필요에 부합하도록 고객님 및 핵심 관계자분들과 스코핑 콜(Scoping Call: 제안 범위를 정하는 미팅)을 먼저 진행해야 합니다."

만약 고객이 이를 거절한다면, 둘 중 하나다. 고객이 좋은 잠재고객이 아니거나, 혹은 앞서 진행한 통화나 데모에서 충분히 가치를 입증하지 못한 것이다.

반대로 고객이 정말 당신의 솔루션을 원한다면, 이제 고객 및 고객사의 주요 인물들과 함께 문제 해결에 대한 명확한 비전을 만들어 제안서가 고객의 니즈를 정확히 반영하도록 집중할 수 있는 좋은 기회를 얻은 셈이다.

이 방법이 처음에는 불편할 수 있겠지만, 일단 시도해 보면 힘의 균형이 고객에게 일방적으로 쏠려 있는 상태에서 서로 균형 잡힌 상태로 전환되는 경험을 하게 될 것이다.

가장 좋아하는 영업 통화 질문

세일즈 콜에서 흔히 쓰이는 질문 중 "오늘 통화 괜찮으세요?(Is this a good time?)" 같은 질문은 효과적이지 않다. 바쁜 사람들에게 좋은 타이밍이란 사실상 존재하지 않기 때문이다. 나는 이런 질문들이 형식적이고 공허하게 느껴져 싫었다.

이러한 상황에서 나와 함께 세일즈포스에서 근무했던 스틸 쇼(Steel Shaw)가 자주 강조했던, 작지만 매우 중요한 팁 하나를 소개한다. 이 팁은 별도의 장에서 소개할 가치가 충분히 있다.

바로 다음과 같은 질문이다:

"지금 통화하기 어려운 시간이신가요?(Did I catch you at a bad time?)"

예를 들어 다음과 같이 사용할 수 있다:

"안녕하세요, 저는 PebbleStorm의 애런(Aaron)입니다.
혹시 지금 통화가 어려우신 시간인가요?"

이 질문은 모든 전화에서 유용하지만, 특히 상대가 전화를 기다리고 있지 않은 상황(약속되지 않은 전화)에서 가장 효과적이다. 상대가 이미 아는 사람일지라도, 갑작스러운 전화는 상대방에게 방해가 될 수 있다.

이 질문은 상대가 처음 전화를 받았을 때 **긍정적인 첫인상**을 만들고, **방어적인 태도를 낮추며**, 편안한 분위기에서 대화를 시작할 수 있게 도와준다.

많은 경우 사람들은 다음과 같이 반응할 것이다:

- "아니요, 괜찮습니다. 무슨 일이시죠?"
- "조금 바쁘긴 한데, 간단히 말씀해 주세요. 무슨 일이시죠?"

만약 실제로 통화하기 어려운 상황이라면, 자연스럽게 다음과 같이 시간을 조율할 수 있다:

"지금 통화가 어려우시면, 언제가 편하실까요? 혹시 일정 확인 가능하신가요?"

이 질문은 영업사원이 전화 상대방에게 긍정적인 태도를 전달하고 상대가 방어적인 자세를 취하지 않게 돕는다. 또한 흔히 쓰이는 질문인 **"지금 통화 가능하신가요?(Is this a good time?)"** 보다 훨씬 효과적이다. 바쁜 사람들에게 언제나 **"좋은 시간"** 이란 존재하지 않기 때문이다.

이 질문을 반드시 팀원들에게 습관처럼 사용하게 만들어라. 나는 강압적인 관리자가 아니지만, 이 질문만큼은 무조건 팀 전체가 필수적으로 사용해야 한다고 확신한다.

6장.

리드 생성과 '씨앗, 그물, 창'
Lead Generation and 'Seeds, Nets & Spears'

왜 사람들은 모든 리드를 똑같이 대할까? 예측 가능한 영업
시스템을 위한 탄탄한 기반을 마련하려면 다양한 유형의 리드를
이해해야 한다.

3가지 리드 유형 구분하기

CEO, 마케팅 VP, 이사회 구성원, 그리고 영업 책임자 사이에 '리드(lead)'에 대한 혼란과 오해가 매우 흔하게 나타난다. 리드의 유형에 대한 명확한 이해가 없다 보니, 합리적인 예측을 하기 어렵고, 결과적으로 오해와 갈등이 발생한다.

가장 흔한 실수는 **모든 리드를 하나의 카테고리에 몰아넣고 생각하는 것**이다. 리드에도 여러 가지 유형이 있는데, 이를 구분하지 않고 하나로 통합해 생각하면 ROI(투자수익률)나 계약 전환 속도, 예상 매출 등을 제대로 분석할 수 없다.

나는 리드를 분석할 때 Seeds(씨앗), Nets(그물), Spears(창)라는 세 가지 개념으로 생각하면 훨씬 명확하고 효과적이라고 생각한다. 이 방식을 통해 팀원 간에, 또는 투자자들과도 명확한 의사소통이 가능해지고, 리드 분석과 예측에 대한 공통된 이해를 형성할 수 있다.

각 리드 유형마다 검증 품질, 성사 속도, 투자수익률(ROI) 등 근본적인 특성이 다르다. 씨앗, 그물, 창이라는 관점에서 생각하면 팀이 리드 분석 및 예측에 대한 공통된 이해에 더 쉽게 도달할 수 있고, 이를 투자자와도 효과적으로 공유할 수 있다는 것을 발견했다.

Seeds(씨앗형 리드)

씨앗(Seeds)은 많은 시간과 노력을 들여 천천히 키워야 하는 유형이다. 이 리드는 성과를 내기까지 오랜 시간이 걸리지만, 일단 자리를 잡으면 지속적으로 좋은 결과를 낸다. 예를 들어 콘텐츠 마케팅, 블로그, 입소문, 추천을 통해 얻는 리드가 여기에 해당한다.

Nets(그물형 리드)

이메일 마케팅, 컨퍼런스 참가, 광고, PPC(클릭당 지불 방식 광고) 등 마치 넓은 그물을 던지고 무엇이 잡히는지 지켜보는 식의 접근이다. 넓은 범위를 대상으로 접근해 잠재고객의 반응을 살피고 그중에서 가능성 있는 리드를 찾아내는 방식이다. 즉, 전반적으로 대량 접근 방식이다.

Spears (창형 리드)

창(Spears) 방식은 특정 고객을 겨냥한 타겟형 아웃바운드(outbound) 접근법으로, 전형적인 영업의 '사냥(hunting)'과 같다. 영업 담당자가 직접 개별적인 노력을 들여 접근하는 방식이며, 구체적으로는 비즈니스 개발 활동(Business Development), '상위 10개 타겟(Top 10 Targets)' 프로그램, 콜드 콜 2.0(Cold Calling 2.0) 같은 방식이 여기에 해당한다.

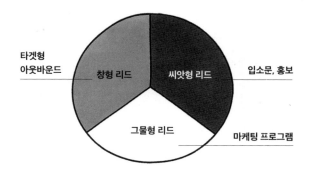

마케팅 퍼널 예시: Nets(그물형 리드)

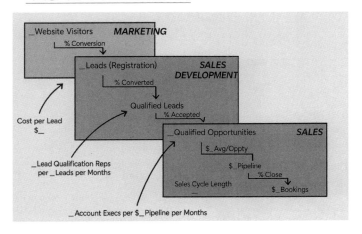

- 마케팅 단계 (MARKETING)
  - 웹사이트 방문자 수: _____ 명
    ↳ 전환율(Conversion rate): _____%

- 영업개발 단계 (SALES DEVELOPMENT)
  - 리드(등록 완료 Leads – Registration): _____ 명
    ↳ 전환율(Converted): _____%
  - 적격 리드(Qualified Leads): _____ 명
    ↳ 승인율(Accepted): _____%

  지표
  - 리드당 비용(Cost per Lead): $_____
  - 리드 검증 담당자당 월 리드 수(Lead Qualification Reps per Leads per Month): _____

- 영업 단계 (SALES)
  - 검증된 영업기회(Qualified Opportunities): _____ 건
    ㄴ 평균 영업기회당 매출액(Avg/Oppty): $_____
  - 총 파이프라인 규모($ Pipeline): $_____
    ㄴ 계약 성사율(% Close): _____%
  - 최종 성사 계약액(Bookings): $_____

  지표
  - 영업 사이클 기간(Sales Cycle Length): _____
  - 담당 영업자당 월별 파이프라인 규모(Account Execs per $ Pipeline per Month): _____

Spears(창형 리드) 잠재고객 발굴 퍼널 예시

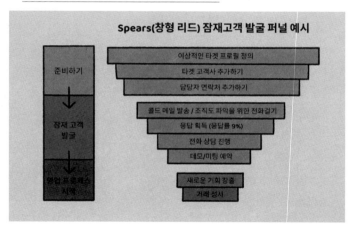

단계 1: 준비 (Prepare)
  - 이상적인 타겟 프로필 정의 (Define Ideal Target Profile)
  - 타겟 계정 추가 (Add Target Accounts)

‒ 연락처 추가 (Add Contacts)

단계 2: 잠재고객 발굴 (Prospect)
‒ 콜드 이메일 발송 / 매핑콜(Mapping Calls) 진행 (Send _Cold
  Emails / Make _Mapping Calls)
‒ 응답 관리 (9% 응답률 목표) (Work Responses ‒ 9% Response
  Rate)
‒ 실제 통화 진행 (Call Conversations)
‒ 데모 / 미팅 예약 (Demos/Appointments)

단계 3: 영업 사이클 시작 (Begin Sales Cycle)
‒ 새로운 영업기회 발굴 (New Opportunities)
‒ 계약 체결 (Closed Deals)

잠재고객(Prospects), 리드(Leads), 영업기회(Opportunities), 고객(Clients), 챔피언(Champions)의 정의

다음은 내가 각 용어에 대해 정의한 것이다. 용어를 어떻게 정의하는가 보다 더 중요한 것은, 회사 내 모든 구성원이 그 정의를 똑같이 공유하는 것이다.

잠재고객(Prospects)
당신이 마케팅 활동을 하는 대상이 되는 이름 목록 또는 데이터베이스다. 아직 당신의 제품이나 서비스에 긍정적인 반응을 보이지 않은 사람들이다.

예를 들어, InfoUSA, Data.com, Hoovers 같은 곳에서 구입한 리스트는 '리드'가 아니라 아직 긍정적인 반응이 없는 '잠재 고객(Prospects)'에 불과하다.

리드(Leads)

리드는 당신이 제공하는 콘텐츠나 제품에 관심을 나타내며, 백서(white paper)를 다운받거나 웹 세미나(webinar)에 등록하는 등 어떤 형태로든 긍정적인 반응을 보인 잠재 고객이다. 리드의 품질이 높든 낮든 중요하지 않다. 무언가에 등록했다면 그것이 곧 리드이다.

영업기회(Opportunities)

리드를 이메일이나 전화 통화 등으로 검증(Qualification)한후, 당신 회사가 정한 기준을 충족하면 그 리드는 '영업기회(Opportunity)'가 된다. 흔히 줄여서 'Oppty'라고 부른다.

고객(Clients)

당신의 제품이나 서비스에 실제로 돈을 지불한 사람이다.

챔피언(Champions)

챔피언은 현재 고객일 수도 있고 아닐 수도 있다. 챔피언은 당신에게 다른 고객을 소개하거나, 긍정적인 후기(Testimonial)를 제공하거나, 적극적으로 당신의 비즈니스를 지지하고 도와주는사람이다.

이들에게는 항상 감사와 애정을 표현하는 것을 잊지 마라!

'양파 껍질(Layers of the Onion)' 전략으로 고객이 스스로 구매하게 하라

최근 들어 고객은 제품이나 서비스를 구매하기 전에 먼저 충분히 알아보고 싶어 한다. 그것도 자신의 방식과 속도에 따라 직접 알아보기를 원한다.

나와 함께 리드 생성(Lead generation)이나 영업에 대해 이야기를 나누다 보면, '양파 껍질(layers of the onion)'이란 표현을 자주 듣게 될 것이다. 이 개념은 팀이 제품과 서비스를 고객에게 어떤 순서로, 어떻게 노출할지 고민할 때 매우 유용한 비유다.

양파 껍질 전략의 목표는 고객이 스스로 단계별로 회사와 제품을 알아가면서, 자신만의 '모험(구매 여정, Adventure)'을 선택하도록 만드는 것이다.

인터넷은 판매자(Seller)로부터 구매자(Buyer)로 권력을 완전히 이동시켰다. 과거의 마케팅과 세일즈 방식은 판매자가 고객에게 일방적으로 정보를 제공(Push)하고, 영업 프로세스의 모든 단계를 통제하는 방식이었다.

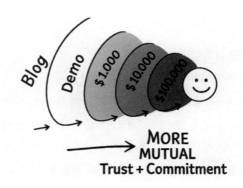

과거 고객은 판매자가 제공하는 정보에만 의존했고, 원하는 정보를 얻기 위해 판매자와 협상을 해야 했다. 그러나 이제 고객은 회사 사람과 단 한 번도 대화하지 않고도 스스로 충분한 정보를 확보할 수 있게 되었다. (심지어 아예 판매자와 대화조차 하지 않는 경우도 생긴다!)

흐름에 맡겨라 – 잠재고객이 스스로 움직이게 하라!

잠재고객이 과거에 그랬던 것처럼, 혹은 여러분이 생각하기에 '그래야만 한다'고 생각하는 방식으로 회사에 대해 알아가도록 억지로 유도하는 대신, **잠재고객 스스로가 원하는 방식대로 회사를 알아갈 수 있도록 자유를 주는 편이 낫다.**

몇 가지 논리적인 다음 단계를 제시한 뒤, 언제 어떻게 앞으로 나아갈지 그들에게 결정권을 주자. 물론 중간에 진전이 없을 경우 가끔씩 도움이 될 만한 알림을 주는 것은 괜찮다.

이러한 방식은 마치 양파의 겹(layer)을 하나씩 벗겨 나가는 것과 같다. 잠재고객이 스스로 알아서 '영업을 받아들이는(receiving sales)' 또는 '영업이 당겨지는(pulling sales)' 상태가 되도록 하는 것이, 억지로 밀어붙이는 영업(pushing sales)보다 훨씬 쉽다. 잠재고객이 여러분 대신 스스로 움직이게 하라!

양파의 겹은 상호적이다 –
고객도 알아가고, 여러분도 고객을 알아가라

양파의 겹(layers)을 통해 잠재고객과 판매자는 단계적으로 신뢰와 헌신의 수준을 높이며, 서로가 얼마나 잘 맞는지를 안전하게 테스트할 수 있다. 이 과정에서 양측 모두에게 발생할 수 있는 **'부적합한 고객'**이라는 리스크와 비용을 최소화할 수 있다. 양파의 겹 방식이라면 고객은 자신이 편안하다고 느끼는 단계에서 바로 참여하고, 준비가 될 때마다 점진적으로 더 깊은 단계로 이동할 수 있다.

영업 담당자의 입장에서도, 고객에게 더 많은 시간과 자원을 투입하기 전에 고객과의 적합성을 쉽게 테스트할 수 있다. 적합하지 않은 고객에게 시간과 자원을 투자하는 것은 엄청난 손해로 이어지는데, 이러한 단계적 접근법은 그러한 위험을 피하는 데 큰 도움이 된다.

통제욕을 버려라 (Let Go)

잠재고객이 다음 단계로 나아가는 데 걸리는 시간을 통제하려 하지 말라. 처음에 블로그, 무료 체험, 데모 등에 신청하는 잠재고객 대부분은 아직 구체적인 행동을 취할 준비가 되어 있지 않다. 이것은 괜찮다. 절대로 그들에게 강요하지 말라. 대신, 잠재고객이 한 단계 더 나아가기 쉽게 할 만한 다른 '양파의 겹'을 제공할 수 있는지 고민해 보라.

만약 잠재고객이 여러분의 '단계(layer)' 중 어느 한 곳에서 멈춰버린다면, 다음 단계의 제안을 재구성할 필요가 있다. 그들에게 매력적일 만한 다음의 '맛있는 조각(juicy morsel)'은 무엇인지 생각해 보라. 잠재고객이 평가하거나 구매 결정을 내리는 단계에 따라 맞춤형 콘텐츠나 제품을 새롭게 만들어 제공할 수도 있다.

고객을 통제하려는 마음을 버리고, 양측 모두에게 잘 맞는 고객이라면 결국 언젠가는 고객이 될 것이라는 믿음을 가지라. 지속적으로 고객을 육성(nurture)하고 여러분이 제공하는 '단계(layer)'가 그들에게 유용하다면, 고객은 스스로 나아가 결국 여러분의 고객이 될 것이다.

꾸준한 인바운드 리드를 만들어내는 법

다음 섹션은 Hubspot의 피터 카푸타(Peter Caputa)가 작성한 글이다. 피터와 나는 처음 만나자마자 서로의 생각과 방식에 깊은 공감을 느꼈으며, 그의 탁월한 인바운드 리드 창출 방법을 소개할 수 있어 기쁘다.

인바운드 리드(Inbound Leads)란 고객이 먼저 당신을 찾아오는 형태의 리드를 뜻한다. 일반적으로 웹사이트에 등록하거나 연락을 요청하는 방식으로 먼저 접근하며, 당신이 고객을 찾기 전에 고객이 당신을 발견한 경우다.

이러한 인바운드 리드는 회사가 진행하는 PR이나 광고 등 외부 요인에 따라 갑자기 급증하거나 급감하는 등 매우 불규칙할 수 있다. 하지만 보다 꾸준하고 예측 가능한 리드 흐름을 창출할 방법이 있다.

효과적인 인바운드 마케팅 방법은?

아래는 인바운드 리드를 생성하는 데 가장 효과적인 순서대로 정리한 목록이다.

1. 추천(Referrals)
2. 무료 툴 또는 무료 체험(Free Tools/Free Trials)
3. SEO(검색 엔진 최적화, Organic Search Engine Optimization)
4. 블로깅(Blogging)

5. 이메일 뉴스레터(Email Newsletters)

6. 웨비나(Webinars)

7. PPC 광고(클릭당 과금 방식, Pay-Per-Click Marketing)

8. 제휴 마케팅(Affiliate Marketing)

9. 소셜 미디어(Social Media)

다만 위 활동들은 서로 보완적이라 완전히 분리하여 생각하기 어렵다. 예를 들어 블로그는 SEO와 이메일 뉴스레터 활동에도 도움이 된다. 전체적으로 보면 이 모든 요소들이 하나의 통합된 인바운드 마케팅 전략을 구성하며, 각각의 활동이 다른 활동의 성과를 높이는 데 기여한다.

그리고 위의 거의 모든 방법은 인바운드 마케팅에서 다음 두 가지 핵심 역할을 수행한다.

- 새로운 잠재 고객을 유치한다(Attract).
- 기존 리드를 육성하고 관리한다(Nurture).

만약 내가 마케팅 또는 세일즈 VP이거나 중소기업 대표로서 인바운드 마케팅을 시작한다면, 위 방법 중 어느 것도 완전히 배제하지 않을 것이다. 하지만 인바운드 마케팅은 하루아침에 성과가 나오지 않으므로, 처음부터 모든 것을 다 하려고 하기보다는 일단 3가지 영역에 집중하여 모멘텀을 만들고, 이후 다른 영역으로 확장하는 것이 바람직하다.

이 방법들은 대부분 재정적 투자보다는 시간 투자를 필요로 하며, 서로가 시너지 효과를 일으킨다. 따라서 올바른 우선순위를 정하고, 순서를 지켜 진행하는 것이 중요하다.

1. 추천(Referrals)

인바운드 리드를 확보하는 최고의 마케팅 전략은 만족한 고객이다. 고객이 자신의 지인이나 동료에게 당신의 제품이나 서비스를 추천하면, 당신은 즉시 신뢰와 신용을 얻을 수 있다. 추천해 준 고객과 잠재 고객 간의 신뢰 관계가 당신에게로 옮겨지기 때문이다.

온라인 환경에서는 이러한 추천 속도를 높일 수 있다. 온라인 대화(소셜미디어 등)에 적극 참여하고, 먼저 상대방에게 도움을 주거나 다른 이들에게 고객을 소개해 주는 방식을 통해 자연스럽게 추천이 돌아올 기회를 만들 수 있다. 이는 상호 호혜의 법칙(Law of Reciprocity)에 따라, 먼저 베풀수록 더 많은 추천과 도움을 돌려받는 결과를 가져온다.

또한 잠재 고객의 관심사에 먼저 다가가 적극적으로 소통함으로써, 자연스럽게 추천이 오가는 분위기를 조성하는 것도 좋은 방법이다. 직접 고객에게 다가가, 고객의 세계에서 일어나는 다양한 '대화'에 참여하는 방식으로, 웹상에서도 추천이 일어나는 속도를 높일 수 있다.

2. 무료 툴 또는 무료 체험(Free Tools/Free Trials)

과거 많은 회사들은 무료 체험을 제공하는 것에 대해 부정적이었다. 경쟁사가 제품에 대한 정보를 쉽게 얻을 수 있고, 영업사원의 협상력이 약해진다고 우려했기 때문이다.

하지만 세일즈포스가 자사의 웹사이트를 통해 최초로 30일 무료 체험 서비스를 제공하기 시작하며 모든 것이 바뀌었다. 세일즈포스는 무료 체험 덕분에 더 많은 잠재고객을 확보했으며, 이는 곧 가장 강력한 리드 생성 및 영업 도구가 되었다.

HubSpot의 '웹사이트 평가 도구(WebsiteGrader)' 사례 또한 대표적이다. 사실상 오늘날 SaaS 기업 대부분이 일정 형태의 무료 체험을 제공한다. 만약 당신이 제공하는 서비스 중 일부를 따로 떼어내서 무료로 제공할 수 있다면, 이는 강력한 리드 창출 도구이자 영업 도구가 될 것이다.

소프트웨어 기업이 아니더라도 당신의 회사가 제공할 수 있는 무료 체험은 무엇인지 고민해 보라.

3. SEO를 활용한 잠재고객 유입

블로그, 홍보(PR), 소셜 미디어 활동을 잘 활용하면 비싼 SEO 컨설턴트 없이도 효과적인 SEO를 구현할 수 있다.

핵심은 키워드를 선정하고, 웹페이지(블로그 게시물 등)를 해당 키워드로 최적화하고, 외부 링크를 구축하는 것이다. 이렇게 하면 많은 비용을 들이지 않고도 SEO 전문가의 도움 없이 자연스럽게 SEO 효과를 얻을 수 있다.

4. 블로깅(Blogging)

인바운드 마케팅(Inbound Marketing)을 성공적으로 수행하려면 온라인상에서 양방향 소통을 해야 한다. 많은 사람들은 블로그가 단순히 '좋은 글을 쓰는 것'이라고 생각하지만 그렇지 않다. 좋은 영업 담당자라면 **효과적인 잠재고객 발굴이 쌍방향 대화를 요구한다는 것**을 잘 알고 있을 것이다.

블로그도 마찬가지다. 당신이 온라인에서 다른 블로거와 대화에 참여하고 소통하지 않으면, 다른 사람들도 당신의 블로그에 참여하지 않는다. 이는 상호성(reciprocity)의 법칙이라기보다는 **'참여의 법칙(law of participation)'**이다. 예를 들어

'매주 새로운 블로거 한 명과 소통하기' 같은 간단한 목표를 세우는 것이 좋다.

블로그가 일정 수준의 방문자와 청중을 확보한 뒤에는 자연스럽게 대화와 참여가 활성화된다. 이후부터는 블로그를 통해 유익한 대화를 만들어내는 데 더 집중하면 된다.

5. 이메일 마케팅과 리드 육성(Lead Nurturing)

여전히 가장 효과적인 마케팅 기법은 '허락 기반(permission-based)' 이메일 마케팅이다. 이메일 마케팅은 신규 잠재고객을 개발하거나 기존 리드를 지속적으로 육성할 때 매우 중요하다. 이메일 마케팅은 다음과 같은 효과가 있다.

- 전문성 확보
- 고객과의 관계 및 신뢰 구축
- 웨비나(Webinar) 또는 오프라인 행사 홍보

사람들은 종종 블로그를 스스로 방문하기 어렵기 때문에, 이메일로 정보를 제공하면 훨씬 쉽게 접근한다. 고객에게 정기적으로 이메일을 보내 당신의 메시지를 계속해서 상기시켜라. 기본적으로는 월 1회 이상, 주 2회를 넘지 않는 범위에서 이메일을 발송하는 것이 적절하다.

이렇게 하면 잠재 고객과 기존 고객과의 관계가 지속적으로 강화되고, 잠재고객 육성에도 효과적이다.

6. 웨비나(Webinars)

웨비나는 매우 효과적인 리드 육성(Lead Nurturing) 도구다. 웨비나를 활용하면 잠재고객들이 꾸준히 당신을 다시 찾아오고, 적극적으로 상호작용하며 배울 수 있는 환경을 제공할 수 있다. 또한 고객들이 당신의 콘텐츠를 주변 사람들에게 자연스럽게 추천할 수 있는 좋은 이유가 된다.

웨비나의 80%는 판매를 위한 것이 아니라, 잠재 고객에게 실제 업무에 도움이 되는 실질적인 정보를 가르치는 것에 초점을 맞춰야 한다.

웨비나는 회사의 전문성과 신뢰도를 자연스럽게 전달할 수 있는 교육적이며 중립적인 환경을 제공한다. 지속적인 시리즈 형태로 구성하면, 고객이 다음 웨비나를 기대하며 지속적으로 참여하고, 동료나 지인들에게 추천하는 효과도 있다.

웨비나의 주인공은 반드시 당신의 회사가 아니라 참가자들(청중)이 되어야 한다. 가장 이상적인 웨비나 형식은 실제 고객이 발표자가 되어 여러분의 잠재 고객에게 자신들의 경험과 교훈을 나누는 것이다. 이때, 모든 내용이 회사의 제품과 직접적인 관련이 있을 필요는 없다. 고객의 실제 경험을 나누는 과정에서 제품과 관련된 내용뿐 아니라 전반적으로 고객이 관심을 가질 만한 유용한 정보를 전달하면 된다.

7. PPC(Pay-Per-Click) 광고

클릭당 비용을 지불하는 PPC(pay-per-click, 클릭당 광고비 지불 방식) 광고는 간단한 제품이나 서비스 판매 기업에게는 매우 효과적인 리드 창출 도구가 될 수 있다. 실제로 일부 회사들은 PPC를 주요 마케팅 수단으로 활용하고 있다.

그러나 고도화된 제품이나 서비스를 판매하는 기업에게 PPC는 효과가 일정하지 않을 수 있다. 일반적으로 잠재 고객이 제품에 대한 신뢰와 깊이 있는 이해가 필요할수록 PPC 리드의 계약 전환율이 낮아지는 경향이 있다.

연구에 따르면, 교육 수준이 낮은 사람들은 PPC 광고를 더 많이 클릭하는 반면, 더 높은 교육 수준을 가진 사람들은 일반적인(organic) 검색 결과를 클릭하는 경향이 있다.

때로 PPC는 즉각적인 리드를 창출할 수 있는 도구가 될 수 있지만, 항상 리드의 질을 검증해야 한다. 리드가 실제 영업 기회(Qualified Opportunity)와 계약 체결로 이어지는 비율을 정확히 측정하여 관리할 필요가 있다.

고객이 제품에 대한 신뢰 구축과 교육이 많이 필요한 경우 PPC는 기대만큼 성과를 내기 어려울 수 있다. 따라서 복잡한 제품을 판매하는 회사는 SEO 및 블로그와 같은 콘텐츠 마케팅에 중점을 두고, PPC는 보조적으로 활용하면서 최적의 마케팅 조합을 찾아 나가야 한다.

8. 제휴 마케팅

마케팅이 성숙 단계에 이르러 이상적인 잠재고객이 누구인지 파악했다면, 해당 유형의 잠재고객들과 관련된 독자층을 보유한 매체(포럼, 블로그, 전문 잡지, 이메일 목록, 업종별 검색 엔진 등)를 식별할 수 있다.

최고의 파트너는 큰 규모의 신뢰할 수 있는 이메일 독자층을 보유하고 있으며, 당신과 관심사와 가치가 일치하는 블로거나 기업이다. 이들로부터 단순히 목록을 구매하는 것보다는 타겟 사이트나 이메일 뉴스레터에 설득력 있는 제안을 게시하는 것이 더 효과적이다.

가장 이상적인 방법은 이들과 (공개적인) 성과 기반 파트너

십을 맺는 것이다. 이는 리드당 비용 지불이나 매출 비율에 따른 보상을 제공하며 그들이 회사 홍보를 도와주는 방식이다.

이러한 방식을 통해 양측 모두 이익을 얻을 수 있다. 블로거나 회사는 독자층에게 가치를 제공하며 추가 수입을 얻고, 기업은 리드를 생성하거나 제품을 판매할 수 있다.

9. 소셜 미디어(Social Media)

온라인 네트워킹, 소셜 미디어 및 소셜 북마킹 사이트는 블로그 구독자 수를 늘리고 검색 엔진 순위를 높이는 데 효과적인 도구다. 하지만 소셜 미디어를 단독으로 활용할 경우, 그 ROI(투자수익률)는 시간이 갈수록 누적되거나 복리 효과가 발생하지는 않는다(이미 유명한 사람이 아니라면 말이다).

그럼에도 소셜 미디어는 인바운드 마케팅 전략에서 중요한 역할을 한다고 생각한다. 소셜 미디어는 당신의 회사에 사람다운(human) 이미지를 부여하기 때문이다. 하지만 즉각적으로 높은 트래픽을 유도하거나 리드 전환을 극적으로 증가시키는 직접적 효과는 크지 않다.

소셜 미디어의 진정한 힘은 마케팅 팀과 영업 팀이 협력하여 소셜 미디어 마케팅을 전략적으로 수행할 때 발휘된다. 즉, 구성원 각자의 개인적 네트워크를 활용해 신제품 출시를 알리고, 고객 피드백을 얻고, 캠페인 인지도를 높일 때 강력한 효과를 낸다. 링크드인(LinkedIn)과 트위터(Twitter) 같은 사이트는 특히 전화나 이메일로는 연결이 어려운 잠재 고객과 초기 관계를 맺는 데 매우 유용하다.

적은 일을, 더 잘하라

모든 것을 한꺼번에 하려고 하지 말라. 위에 소개한 방법들 중에서 먼저 두세 가지를 선택하고 거기에 집중하라. 몇 가지 전략에서 먼저 전문성과 성과를 쌓고, 충분한 추진력을 얻은 다음에야 다른 마케팅 활동을 추가로 진행하는 게 좋다. 너무 많은 방향과 프로젝트에 에너지를 분산시키지 않도록 주의해야 한다.

마케팅 자동화 모범 사례
: 마케토(Marketo)는 어떻게 마케토를 활용하고 있을까?

무언가를 정말 잘 배우고 싶다면 누구를 찾아가야 할까? 바로 그 분야의 전문가다!

내가 최고의 세일즈 조직을 구축하는 방법을 배우고 싶었을 때, 어디로 가야 하는지 분명히 알고 있었다. 마찬가지로, 현대적인 마케팅 자동화(Marketing Automation)의 베스트 프랙티스를 배울 때도, 가장 탁월한 회사의 마케팅 부서를 찾아야 했다. 그곳이 바로 마케팅 자동화 분야에서 빠르게 성장하고 있는 마케토(Marketo)였다. 마케토는 2002년 아무것도 없는 상태에서 출발하여 단 몇 년 만에 3,000개 이상의 고객사를 확보한 회사다.*

마케토의 마케팅 자동화 솔루션은 마케팅 담당자들이 수많

---

* 마케토는 2018년 Adobe에 인수되어 현재는 'Adobe Marketo Engage'라는 이름으로 운영되고 있다. 또한 현재는 훨씬 많은 수의 고객을 보유하고 있다.

은 수요(리드)를 창출하고 관리할 수 있도록 돕는다. 마케토는 특히 자체 솔루션을 통해 가장 효과적인 수요 창출 캠페인을 실행하며, 이메일 캠페인, 리드 육성(Lead nurturing), 리드 스코어링(Lead Scoring) 등 여러 가지 마케팅 활동을 자동화하고 있다.

리드를 생성하는 것은 중요하지만, 이는 시작에 불과하다. 마케토의 세일즈 인텔리전스 제품인 'Sales Insight'는 영업 담당자가 가장 가능성 높은 리드와 영업기회(Opportunities)를 명확히 식별하여 효율적으로 우선순위를 정하고, 적절히 소통할 수 있도록 지원한다.

2007년, 내가 앨로이 벤처스(Alloy Ventures)에 있을 때 마케토의 CEO인 필 페르난데즈(Phil Fernandez)와 제품 마케팅 VP인 존 밀러(Jon Miller)를 만났다. 마케토는 2002년 설립된 이후, 불과 몇 년 만에 3천 개 이상의 고객을 확보하며 빠르게 성장했다. 마케팅 자동화 분야에서 마케토는 이미 최고의 전문가가 되어 있었다. 나는 그들이 자사 제품을 활용하여 이뤄낸 성과에 대해 깊이 인상 받았고, 그들의 마케팅 실행 방식을 이 자리에서 공유하고자 한다.

마케토가 효율적으로 리드를 육성(Nurture), 점수화(Lead Scoring)하여 수많은 검증된 리드를 영업팀에 전달하는 방법을 알아보자.

큰 그림(Big Picture): 마케토의 '매출 퍼널(Revenue Funnel)'

마케토의 매출 퍼널은 잠재 고객이 제품 구매(Buying Cycle)를 위해 거치는 전형적인 과정을 시각화한 것이다. 이 퍼널은 잠재 고객이 어떻게 인지 단계에서 최종적으로 구매까지 이어지는지 그 흐름을 보여준다.

마케토의 퍼널은 인지(Awareness), 문의(Inquiry), 잠재 고객 (Prospect), 리드(Lead), 기회(Opportunity), 그리고 최종적으로 고객(Customer)의 여섯 단계로 구성되어 있다. 본 섹션에서는 4단계(인지→문의→잠재 고객→리드)의 마케팅 과정을 단계별로 상세히 설명할 것이다.

마케토는 전체 과정에서 잠재 고객의 행동과 활동을 지속적으로 추적하여 고객의 관심과 니즈를 정교하게 파악하고, 궁극적으로 더 많은 양질의 리드를 생성해 영업팀에 전달한다.

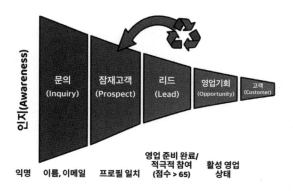

1단계: 인지

잠재고객(Prospect)이 제품이나 회사를 처음 발견하고 알아가는 단계를 인지 단계(Awareness)라고 부른다. 이 단계에서 마케토(Marketo)는 고객의 신원을 정확히 알 수 없더라도, 고객의 활동 수준을 추적하고 분석한다.

예를 들어 마케토가 인지 단계 활동을 측정하는 주된 방법은 다음과 같다.

a. 웹사이트를 방문하는 리드의 수(익명 또는 기명)를 추적하거나,
b. 검색 엔진에서 'Marketo'라는 키워드를 검색하는 횟수를 측정한다.

마케토는 이 단계에서 고객의 초기 관심과 행동을 지속적으로 모니터링하며 마케팅 활동의 효과를 측정한다.

마케토가 특히 강조하는 성공 전략 중 하나는 바로 블로그다. 마케토는 자사 블로그(http://blog.marketo.com)를 활용해 지속적인 인지도 향상과 함께 신규 방문자를 유입했다. 특이한 점은, 마케토의 블로그에서 직접적인 판매나 제품 홍보는 일절 하지 않는다는 것이다. 대신 마케토의 블로그가 성공적인 이유는, 이 블로그가 최신 마케팅 트렌드나 베스트 프랙티스, 업계 인사이트를 폭넓게 공유하는 신뢰할 만한 플랫폼 역할을 하고 있기 때문이다. 마케팅 분야의 다양한 전문가들이 이 블로그에 참여하여 콘텐츠를 공유하고 있다(나 역시 마케토 블로그에 게스트로 기고한 바 있다).

즉, 마케토는 자사의 블로그를 '신뢰받는 마케팅 전문가들의 지식 공유 플랫폼'으로 자리매김했다. 고객들은 이곳에서

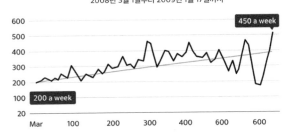

주별 '마케토'를 검색한 사람들의 방문자 수
2008년 3월 1일부터 2009년 1월 17일까지

가치 있는 정보를 얻고 현대적인 마케팅 접근법을 배우기 위해 다시 찾는다.

여기서 중요한 원칙을 하나 강조하면, 회사 블로그는 직접적인 판매나 영업 활동을 펼치는 곳이 아니다. 블로그는 회사를 믿을 수 있는 전문가(Thought Leader)로 포지셔닝하고, 브랜드 존재감을 구축하며, 검색엔진최적화(SEO)를 높이는 데 최적의 도구다.

잠재 고객이 블로그뿐 아니라 이벤트, 뉴스레터, 웹 세미나 등을 통해 진정한 가치를 얻는다면, 고객은 자연스럽게 다시 방문하고 결국 제품이나 서비스를 구매할 가능성이 높아진다. 또한 다른 고객에게도 당신의 회사를 추천하게 될 것이다.

2단계: 문의

이 단계는 리드가 처음 회사에 정보를 제공하는 시점이다. 대부분의 방문자들은 처음 발견한 회사의 콘텐츠에 대해 신뢰를 가지지 않은 상태이기 때문에, 심지어 무료 콘텐츠를 제공할 때도 등록(Registration)을 망설인다.

Marketo는 이와 관련하여 '점진적 프로파일링(Progressive Profiling)'이라는 스마트한 방법을 활용한다. 이 방법을 사용하면 처음에는 최소한의 정보(이름과 이메일 주소 등)만 요구하고, 방문자가 재방문하여 추가 콘텐츠를 다운로드할 때, 이전에 입력한 정보를 자동으로 채워두고 추가적인 정보(직책, 회사명 등)를 요청하는 방식이다. 방문자는 부담을 덜 느끼고 점진적으로 더 많은 정보를 제공하게 된다.

예를 들어 처음 콘텐츠를 등록할 때는 이름과 이메일 주소만 요청하고, 그다음 콘텐츠를 다운로드할 때는 직책이나 소속 회사명을 추가로 물어볼 수 있다.

3단계: 잠재고객(Prospect)

이제 언어 사용이 매우 중요한 영역으로 넘어간다. '잠재고객(Prospect)'과 '리드(Lead)'의 정의는 영업과 마케팅 부서 간 혼란을 방지하기 위해 특히 중요하다.

마케토는 '잠재고객(상대적으로 관심도가 낮은 잠재 고객)'과 '리드(관심도가 높은 잠재 고객)'를 구분한다. 왜 이런 구분이 필요할까? 모든 잠재 고객에게 영업 시간을 균등하게 배분하는 것은 매우 비효율적이기 때문이다. 마케토는 영업팀이 리드 후속 조치에 투입하는 시간의 우선순위를 정하고자 한다.

이들은 '리드 점수'를 통해 구분하는데, 이는 잠재 구매자의 관심 정도를 1점부터 100점까지의 척도로 평가한 것이다.

65점 미만의 잠재 구매자는 '잠재고객'으로, 65점 이상은 '리드'로 분류하며, 점수가 높을수록 더 유망한 리드로 간주된다. '잠재고객'에 관한 이 섹션을 마무리하기 위해, 리드 점수 산정에 관한 세부 사항을 살펴보자.

마케토(Marketo)가 리드 스코어링(Lead Scoring)을 활용해
리드에 우선순위를 매기는 방법

마케토의 리드 스코어링 시스템은 단순하다. 리드가 가진 점수가 높을수록(1~100점 기준) 더 '핫(hot)'한 리드, 즉 우선적으로 영업팀이 공략해야 할 리드가 된다.

리드의 점수는 특정 행동이나 특성에 따라 점수가 가감된다. 예를 들어 얼마나 최근에 방문했는지, 얼마나 자주 방문하는지와 같은 행동 빈도 및 최근성을 고려해 점수가 올라가거나 내려간다. 마케토는 또한 고객이 사용하는 키워드, 콘텐츠 주제, 특정 행동(예: 채용 페이지 방문 여부)을 고려해 점수를 조정한다.

특히 마케토는 '스코어 감점(score decay)' 방식을 사용해, 일정 기간 동안 비활성화된 리드가 점점 차가워지면 점수를 깎아 우선순위를 낮춘다.

마케토의 실제 리드 스코어링 예시

인구통계(Demographics)
- 담당자가 직접 잠재 고객 리뷰를 통해 평가: 최대 +30점
- 직함(Title)에 따라: 0~8점 추가

리드 출처(Source and Offer)
- 웹사이트로부터의 리드: +7점
- 단순한 정보성 콘텐츠(Thought Leadership 콘텐츠): −5점

행동 참여(Behavioral Engagement)
- 웹페이지 방문 또는 이메일 오픈: +1점
- 데모 영상 시청: 영상당 +5점
- 웹 세미나 등록: +5점
- 웹 세미나 참석: +5점
- 고급 정보성 콘텐츠(Thought leadership 콘텐츠) 다운로드: +5점
- 마케토 사용 후기(Reviews) 다운로드: +12점
- 한 번 방문 시 8페이지 이상 열람: +7점

- 일주일에 2회 이상 웹사이트 방문: +8점
- "Marketo"라는 키워드 검색 후 방문: +15점
- 가격 안내 페이지(Pricing page) 방문: +5점
- 채용 페이지(Careers page) 방문: -10점 (특히 흥미로운 기준!)

한 달간 활동 없음(No Activity in One Month)
- 기존 점수 30점 초과: -15점
- 기존 점수 0~30점 사이: -5점

만약 당신의 회사에서도 이런 시스템을 도입하려고 한다면, 처음부터 마케토처럼 세부적이거나 완벽하게 만들지 않아도 괜찮다. 마케토 역시 오랜 시간 실험과 시행착오를 거치면서 자체적으로 최적의 리드 스코어링 시스템을 구축했고, 지금도 계속해서 발전시켜 나가고 있다.

중요한 것은 일단 시작하고, 그 결과를 보며 배우고, 점진적으로 개선하여 리드 스코어링이 진짜로 효과를 발휘할 때까지 진화시켜 나가는 것이다.

4단계: 리드

잠재 고객(prospect)의 점수가 65점 이상을 기록하여 정식으로 '리드(Lead)' 단계에 진입했다고 가정해 보자. 이제 무엇을 해야 할까?

잠재 고객이 리드로 전환되었다는 것은 이 고객이 실제로 마케토(Marketo)라는 기업 또는 자사의 제품과 서비스에 구체적인 관심을 보인다는 뜻이다. 이 시점부터는 영업팀이 적극적으로 팔로우업(follow-up)을 진행하고, 해당 리드가 영업 대

상 고객으로 적합한지(qualification)를 평가하여 본격적인 영업 주기(sales cycle)에 진입시키는 것이 바람직하다.

리드 전환율 사례

반드시 추적해야 할 다섯 가지 핵심 지표 중 하나는 리드 전환율(Lead Conversion Rate)이다. 신규 리드 가운데 얼마나 많은 비율이 실제로 검증된(qualified) 영업 기회로 전환되는가를 나타내는 수치다. 다음은 마케토(Marketo)의 리드 전환율 사례 데이터다.

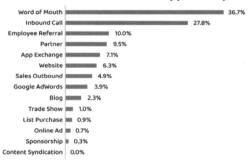

Conversion : Raw Lead to Opportunity

Word of Mouth	36.7%
Inbound Call	27.8%
Employee Referral	10.0%
Partner	9.5%
App Exchange	7.1%
Website	6.3%
Sales Outbound	4.9%
Google AdWords	3.9%
Blog	2.3%
Trade Show	1.0%
List Purchase	0.9%
Online Ad	0.7%
Sponsorship	0.3%
Content Syndication	0.0%

자동화된 리드 육성 캠페인으로 지속적인 관계 유지하기

마케토(Marketo)는 자사의 매출 퍼널(Revenue Funnel) 내에서 잠재 고객과 지속적으로 소통하기 위해 크게 네 가지 자동화된 리드 육성 캠페인을 운영한다.

1. 신규 리드 육성 캠페인(New Prospect and Lead Campaigns)

잠재 고객이 웹사이트에서 데모나 무료 체험 등 특정 콘텐츠에 등록하면, 자동화된 후속 이메일 시리즈가 시작된다.

예를 들어, 고객이 콘텐츠를 열람하거나 다운로드한 지 정확히 **11분 후**, 시스템이 자동으로 담당자(Lead Owner)의 이름으로 개인화된 이메일을 고객에게 발송한다. 여기서 '담당자'란, 시스템이 자동으로 배정한 마켓 리스폰스 담당자(Market Response Rep, 이하 'Rep')다. 덕분에 Rep은 매시간 새로 들어온 리드를 일일이 확인할 필요 없이, 자동으로 모든 신규 리드에게 빠른 후속 이메일을 보낼 수 있다.

이후 마켓 리스폰스 담당자는 새 리드를 직접 점검하고, 가치 있는 리드인지 아니면 스팸이나 의미 없는 방문자인지를 판단한다.

담당자가 고객을 유효한 리드로 판단하면, 마케토는 즉시 **21일간의 후속 캠페인을 실행한다.**

마케토의 21일 후속 캠페인

- **1일 차:** 평가(리드 점수가 65점 이상인가?)
- **2일 차:** 전화 통화 & 첫 번째 이메일 전송
- **5일 차:** 추가 콘텐츠 제공 이메일 발송 (고객에게 더 많은 콘텐츠를 제공하며 관심 유지)
- **9일 차:** 추가 전화 통화
- **16일 차:** 추가 이메일 발송
- **21일 차:** 리드 재활용(리드가 반응이 없을 경우 지속 관리하는 Stay in Touch 캠페인으로 전환)

위 캠페인 중 고객이 적극적으로 참여하지 않을 경우, 다음 단계인 'Stay in Touch 캠페인'으로 전환된다.

2. 관계 지속 캠페인(Stay in Touch Campaigns)

'Stay in Touch' 캠페인은 아직 적극적인 영업 참여나 구매 결정을 할 준비가 되지 않은 고객을 관리하기 위한 캠페인이다.

일명 '드립 캠페인(drip campaign)'이라고도 하는 이 캠페인은, 정기적으로 유익한 소규모 콘텐츠(유용한 자료, 팁, 뉴스 등)를 고객에게 꾸준히 제공하여 장기적으로 관계를 형성한다. 이 과정에서 고객과 신뢰를 쌓으며 고객이 구매 여정(Buying Cycle)을 진행할 준비가 되었을 때, 마케토를 가장 먼저 떠올리고 연락하도록 유도한다.

리드를 효과적으로 육성하는 것은 단순히 많은 메시지를 보내는 것이 아니다. 가장 중요한 것은 메시지의 **'양(quantity)'**이 아니라 **'질(quality)'**이다.

효과적인 리드 육성(Lead Nurturing)을 위한 마케토의 5가지 팁:

고객에게 가치 있는 콘텐츠를 제공하라. 회사 입장이 아니라 고객 입장에서 가치 있는 콘텐츠를 만들어라.

한 번에 쉽게 소화할 수 있도록 콘텐츠를 작게 쪼개라. 바쁜 고객이 쉽게 소비할 수 있도록 간결하고 명확한 메시지를 전달하라.

콘텐츠를 구매자 프로필(고객 유형)에 맞게 제공하라. 고객의 직무, 산업, 관심사에 따라 콘텐츠를 맞춤화하라.

콘텐츠를 고객의 구매 단계에 맞추어 제공하라. 인지, 고려, 평가 등 각 구매 단계에 맞춰 적합한 콘텐츠를 제공하면, 고객이 점차 구매 결정을 내리는 데 도움을 준다.

타이밍을 맞춰라. 너무 빠르거나 늦지 않게, 적절한 시기에 고객에게 콘텐츠를 제공하라.

마케토(Marketo)의 리드 생애 주기(Lead Lifecycle) 관리 방식

아래는 마케토가 실제 사용하는 리드 생애 주기 관리 프로세스다. 이 생애 주기에는 여러 가지 경로(트랙)가 있으며, 리드의 활동에 따라 다음 세 가지 결과로 이어진다.

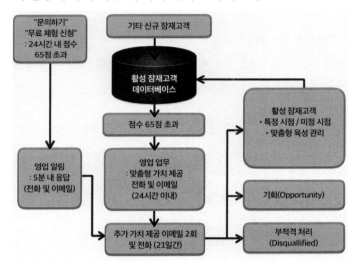

패스트 트랙(Fast Track)

리드가 '연락 요청(contact me)' 폼을 작성하거나, 무료 체험 신청을 하거나, 리드 점수가 65점 이상인 경우 즉각적인 개인적 후속 조치가 이뤄진다. 마케토는 이런 리드가 발생하면 5분 이내에 담당자가 즉시 개별적으로 대응하게 한다.

이 단계에서는 속도가 매우 중요하며, 신속한 후속 조치를 통해 구매 가능성을 높인다.

일반 트랙(Standard Track)

리드가 패스트 트랙 조건에 해당하지 않지만 어느 정도 관심을 보였을 때, 영업 담당자가 24시간 이내에 연락하도록 시스템에서 자동으로 업무(Task)를 생성한다. 담당자는 이 24시간 안에 리드의 회사 배경, 비즈니스 모델, 마케팅 니즈를 조사한 뒤 맞춤형 메시지를 준비하여 개인적인 접근을 시도한다.

마케토의 리드 적격성 판단 기준(Lead Qualification Criteria)

마케토는 리드를 평가할 때 다음 5가지 기준을 명확히 설정하고 활용한다.

1. 명확한 비즈니스의 니즈(Need)나 문제점(Pain)을 파악했는가?
2. 지금 어떤 마케팅 도구와 프로세스를 사용하고 있는가?
3. 언제쯤 도입이나 구매를 고려하는가? (도입 희망 시점)
4. 회사의 연매출(Annual Revenue)이나 규모(Size)는 어느 정도인가?
5. 구체적인 구매 일정(Time-frame)이 있는가?

이런 조건을 모두 만족하면, 이 리드는 '영업기회(Opportunity)'로 전환되어 영업팀에 전달된다. 리드와 전화로 연락이 안 되는 경우, 마케토는 이메일 2회와 추가 전화 1회로 후속 대응을 진행한다.

마케토 리드 관리의 최종 결과: 3가지 단계

마케토의 21일 리드 육성 프로세스가 끝나면 다음 세 가지 결과 중 하나가 된다.

영업기회 전환(Opportunity)

영업팀이 리드와 성공적으로 연락이 되었고, 충분한 구매의사를 확인했으면 리드를 '영업기회(Opportunity)'로 승격하여 본격적인 영업 프로세스가 진행된다.

리드 재활용(Recycled)

21일 동안 명확한 관심을 보이지 않은 리드는 장기 이메일 육성 캠페인(드립 캠페인)으로 전환되어 지속 관리된다. 영업 담당자는 고객이 다시 적극적인 행동을 보일 때까지 기다리거나, 적절한 시점에 다시 연락을 시도할 수 있다.

리드 제외 또는 비적합(Disqualified)

리드가 명백히 회사에 적합하지 않은 것으로 판명될 경우, 영업 프로세스에서 제외하고 추가 관리하지 않는다.

영업 담당자가 업무 우선순위를 아주 쉽게 파악할 수 있게 하라

마케토(Marketo)는 영업 자동화 시스템으로 세일즈포스를 사용한다. 또한 마케토는 자체적으로 개발한 추가 제품인 '세일즈 인사이트(Sales Insight)'를 세일즈포스와 연계하여 활용하고 있다. 이 애플리케이션을 사용하면 영업 담당자들은 세일즈포스 내에서 가장 유망한 잠재고객을 한눈에 파악하고 우선적으로 집중할 수 있다.

대시보드는 각 영업 리드(lead)의 적합성과 인구통계학적 특성을 시각적으로 별표(stars)로 나타내고, 얼마나 긴급하게 후속 조치를 해야 하는지에 대해서는 불꽃 모양(flames)으로 표시한다.

영업 담당자는 이 대시보드 하나만으로 담당 구역 내 모든 고객의 활동 현황을 한눈에 파악하고, 필요한 경우 쉽게 세부

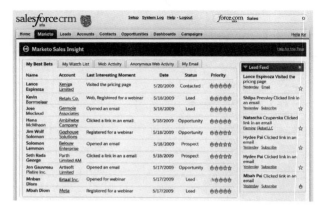

사항을 확인하여 가장 중요한 고객에게 우선적으로 시간을 투자할 수 있다.

마케토의 제품에 관심이 실제로 있든 없든, 마케토 웹사이트(www.Marketo.com)를 둘러보고 회원가입을 해보면 배울 점이 많다. 특히 가입 후 마케토가 고객을 어떤 방식으로 관리하고 후속 조치하는지를 관찰하면 좋은 참고 사례가 될 것이다.

무역박람회(트레이드쇼)와 컨퍼런스에서 ROI(투자수익률)를 극대화하는 방법

이 섹션은 여러분이 이미 활용 중인 컨퍼런스나 행사 운영 방식을 대체하자는 것이 아니라, 영업팀을 활용하여 행사에서 추가적으로 더 많은 고품질 리드를 생성하는 방법을 제시하는 것이다.

흔히 컨퍼런스나 무역박람회(tradeshow)는 양질의 리드를 창출하기 어렵다는 나쁜 평판(사실상 끔찍한 평판)을 얻고 있다. 그리고 이는 실제로도 상당 부분 사실이다. 박람회 참석자들은 너무 많은 활동과 옵션에 압도당하며, 수많은 기업들이 제공하는 무료 선물에 이끌려 무조건 이름과 연락처를 넘기곤 한다. 관심이 없어도 무료로 나눠주는 선물을 받기 위해 무조건 등록하는 사람들이 많아, 결과적으로 리드의 질이 매우 낮아진다.

그러나 이는 박람회 자체의 문제라기보다는, 제대로 된 사전 준비와 사후 관리 프로세스가 없기 때문이다. 양적인 측면(단순 이름 수집)보다 **리드의 질적 측면**에 집중하는 명확한 프로세스를 구축할 필요가 있다.

이벤트 운영팀(Event Team) 구성하기

이 이벤트의 **리드 생성 책임자**는 누구인가?

실제 현장에서 리드를 확보하고 관리할 **이벤트 전담 영업팀**(담당 영업사원 또는 마케팅 담당자)은 누구인가?

행사마다 영업 인력이 바뀌기보다는, 가능한 한 일관된 팀을 구성하여 처음부터 끝까지 프로세스를 명확히 관리하는 것이 가장 좋다. 그래야만 행사 전후로 철저한 준비와 리드의 질적 평가, 그리고 지속적인 사후 관리를 진행할 수 있다.

명확한 성공 기준을 설정하라

아래 질문을 활용하여 행사 성공 기준을 명확히 정의하라.

- 이 행사의 성공 기준은 무엇인가?
- 행사 후 수집된 이름의 개수가 아니라, 실제 '리드'로서의 질적 성과를 어떻게 평가할 것인가?

- 행사 직후 24시간에서 48시간 내에 유효 리드(qualified leads)를 얼마나 확보했는가?
- 행사 이후 2~4주 내에 영업 기회(Opportunities)로 전환된 리드는 몇 개인가?
- 이후 1~3개월 안에 얼마나 많은 리드가 실제 계약으로 연결되었는가?

성공 측정은 이벤트에서 명단을 얼마나 확보했는가가 아니라, 이벤트 이후 **몇 개의 실제 비즈니스가 성사되는지**를 기준으로 평가되어야 한다. 행사에서 확보한 리드를 실제 비즈니스 성과와 연결시킬 수 있는지 여부가 진짜 ROI를 측정하는 핵심이다.

1단계: 사전 준비

참가하는 주요 인물과 기업 명단을 만들기 위해 최대한 철저히 리서치하라. 최소 3~4주 전부터 미리 시작하는 것이 좋다. 예상보다 준비 시간이 더 걸리기 때문이다.

만들어진 명단을 꼼꼼히 검토한 뒤 우선순위를 명확히 정하라. 양보다는 질이다. 적은 수라도 비즈니스에 더 적합한 기업들을 정확하게 타겟팅하는 것이 훨씬 효과적이다.

이벤트 전담 영업팀(Event Sales Team)을 활용하여 미리 잠재 고객을 발굴하고 초기 접촉을 진행하라. 이 과정에서 잠재 고객에 대한 다음과 같은 정보를 확보하라. 예를 들어, 해당 기업은 현재 경쟁사의 시스템을 쓰고 있는가? 구매를 결정할 실질적인 의사결정권자는 누구인가? 가능하다면 실제 이벤트 현장에서 만날 약속까지 사전에 잡아두는 것도 좋다.

이벤트에 참가하는 대상 기업들에 대한 주요 정보를 요약한 "치트 시트"를 준비한다. 이 정보는 잠재 고객과의 실질적인 대화를 시작하는 데 도움이 된다. (예: "존 데이비스로부터 귀사가 기관 부서에서 Siebel을 사용한다고 들었습니다")

2단계: 현장 실행

이벤트 현장에는 반드시 영업팀 인력을 배치하고, 이들이 준비된 치트 시트를 손에 든 채 적극적으로 주요 잠재 고객을 찾아가 대화를 시작할 수 있도록 충분한 시간을 확보해 주어야 한다.

대화를 나눈 후에는 최대한 빠르게 그 내용을 영업 관리 소프트웨어에 기록하라. 이벤트 현장에서 얻은 중요한 정보들이 바쁘고 혼잡한 상황 속에서 잊히지 않도록 즉각적인 기록 관리가 필수적이다.

부스에 방문한 모든 참가자의 명찰을 무작정 스캔하는 방식을 피하고, 오히려 부적합한 고객을 빠르게 걸러내라. 잠재고객으로서의 가치가 없다고 판단되는 사람들을 명단에서 일찍 제외시키는 것이 오히려 영업의 효율성을 높인다. 품질이 낮은 리드를 관리하면 실제로 두 가지 비용이 발생한다. (1) 좋은 리드를 찾고 집중하기 어려워지며, (2) 영업 담당자가 가치가 낮은 리드에 시간을 낭비하게 된다.

3단계: 후속 조치

이벤트 전담 영업팀은 이벤트가 끝난 후에도 지속적으로 잠재 고객 명단을 관리하고 우선순위에 따라 연락을 이어가도록 하라. 이벤트 기간 동안 이미 많은 접촉이 이루어진 덕분에

이 단계에서는 잠재 고객과의 관계가 이미 상당히 진척된 상태일 것이다.

　다음 전시회나 이벤트에서 더 나은 성과를 얻기 위해 무엇을 개선할 수 있을지 고민하라. 이번에 어떤 전략이 효과가 있었고, 어떤 것이 효과가 없었는지 철저히 분석하라.

7장.

CEO와 세일즈 VP가 저지르는
7가지 치명적인 영업 실수
Seven Fatal Sales Mistakes CEOs
and Sales VPs Make

"나는 어리석은 실수를 하지 않는다.
오직 매우, 매우 영리한 실수만 한다."

— 존 필

경험 많은 CEO와 세일즈 VP조차도
항상 저지르는 실수들

나는 세일즈포스를 떠난 후 수십 개 기업의 컨설팅을 진행했다. 그리고 경영진이 매출을 키우는 과정에서 동일하고 근본적인 실수를 반복하는 것을 수없이 봐왔다.

치명적 실수 1: 영업 및 리드 생성에 대한 이해 부족

모든 것은 CEO로부터 시작된다. CEO가 리드 생성과 영업을 담당할 임원을 고용했다 하더라도, 리드 생성 및 영업이 어떻게 작동하는지에 대한 본인의 이해를 임원에게 위임해서는 안 된다. CEO는 효과적인 목표를 설정하고 임원들을 코칭하며, 매출 관련 문제를 해결하기 위해 리드 생성과 영업의 기본을 반드시 이해하고 있어야 한다.

내가 LeaseExchange의 CEO였을 때 저지른 치명적 실수 중 하나는 리드 생성과 영업의 실행뿐 아니라, 그에 대한 이해마저도 모두 위임한 것이다. 그 결과 나는 모호한 매출 목표를 세우는 데 일조했으며, 결과가 예상대로 나오지 않았을 때 그 원인을 정확히 이해하지 못했다. 따라서 원하는 결과를 얻으려면 무엇을 바꿔야 할지도 명확히 알지 못했다.

CEO가 리드 생성과 영업 원리를 이해하면 현실적인 계획과 비전을 세울 수 있고, 근거 없는 목표나 가정에 빠지지 않으면서 더 빠르게 성장하고 수익성 높은 회사를 운영할 수 있게 된다.

- **해결책**: CEO는 직접 프로젝트에 참여하거나 코칭을 받아, 스

스로 영업과 리드 생성에 대한 교육의 책임을 진다.

치명적 실수 2: 어카운트 담당자(Account Executive)에게
잠재 고객 발굴(Prospecting)을 맡기는 것
(어카운트 담당자를 '모든 업무에 능한 만능 직원'으로 만드는 것)

어카운트 담당자(할당된 매출 목표가 있는 영업사원)는 대부분의 시간을 거래 성사와 고객 관리에 사용해야 하며, 신규 잠재 고객 발굴 업무는 최소화해야 한다. 잠재 고객 발굴 자체는 매출을 만들어내지 않는다. 매출은 거래 성사에서 나온다.

AE가 신규 고객 발굴에 투입하는 시간은 20% 미만으로 최소화하고, 이 때도 상위 10개 전략 고객 리스트나 파트너사 또는 기존 고객을 대상으로 해야 한다.

대부분의 신규 잠재 고객 발굴 업무는 별도의 전담 인력(세일즈 디벨롭먼트 담당자, Sales Development Rep)이 수행하는 것이 맞다. 심지어 컨설팅과 같이 인간관계 중심인 비즈니스라 하더라도, 신규 고객을 조사하고 개발하고 적격성을 평가하는 초기 단계 업무의 대부분은 비용 효율적이고 전담 인력이 처리할 수 있다.

- **해결책**: 영업 역할을 전문화하라. 두 명의 영업사원만 있어도 전문화를 시작할 수 있다. 이것이 얼마나 중요한지에 대해서는 이 책 여러 부분에서 반복적으로 강조했다.

치명적 실수 3: 채널 파트너(Channel Partner)가
대신 영업해 줄 것이라고 생각하는 것

채널 파트너와 계약하면 그들이 대부분의 영업을 대신해 줄 것이라고 생각하는 것은 심각한 실수다.

일반적으로 (특히 소프트웨어와 비즈니스 서비스 분야에서는) 파트너들이 내 상품을 대신 팔아주지 않는다. 그럴 능력이 없거나, 또는 능력이 있더라도 성과가 좋지 않을 때가 많다.

자신의 운명은 스스로 통제해야 한다. 채널 파트너를 통해 혜택을 보려면 우선 직접 영업을 통해 성과를 입증해야 한다. 채널 파트너는 성공한 후에나 따라온다.

- **해결책**: 채널을 통해 성과를 얻으려고 하기 전에, 직접 영업을 통해 성과를 증명하여 자신의 운명을 스스로 통제하라.

치명적 실수 4: 인재 관리 실패 (채용, 교육, 인센티브)

예측 가능한 매출(Predictable Revenue)을 달성하려면 인력 관리 프로세스를 반복 가능한 형태로 만들어야 한다. 예를 들어 신규 직원에게 몇 시간 또는 며칠만 교육한 후 알아서 살아남으라고 하는 '생존형 교육(sink or swim training)' 방식은 반복 가능한 형태가 아니다.

경영진은 여기서도 많은 실수를 반복한다.

- 잘못된 채용: 특히 영업 리더십 분야에서 이력서만 믿고 채용하는 실수다. 영업사원은 자신을 파는 데 매우 능숙하다는 점을 기억하라.
- 불충분한 교육: 신입 직원들은 실제 고객과 직접 접촉하는 서비스 부서에서 고객의 입장을 충분히 경험한 후 진짜 업무를 시작해야 한다. ('사다리 교육(Ladder Training)' 접근법 참고)
- 비현실적인 업무 적응 기간(Ramp Time) 기대: 내부 영업 담당

자는 1~3개월, 현장(Field) 또는 엔터프라이즈 담당자는 6~18
개월(그렇다, 18개월!)이 걸릴 수도 있다. 이 기간을 단축하는
가장 좋은 방법은 리드 생성 업무를 도와주는 것이다.

- 잘못된 사람을 승진시키는 것: 경영진은 왜 직원들에게 누가
  승진할 자격이 있는지 의견을 물어보지 않는가?

- 돈을 주요한(혹은 유일한) 동기부여 수단으로 삼는 것: 존중,
  인정, 즐거움과 같이 훨씬 더 강력한 비금전적 보상을 무시하
  는 것이다.

  - **해결책**: 채용, 교육, 인센티브를 매번 처음부터 다시 만들어
    내려 하지 말고, 경험 있는 코치를 찾거나 인근 기업에서 검
    증된 방식을 배워라.

치명적 실수 5: '고객 중심(Customer-in)'이 아닌
'제품 중심(Product-out)' 사고

리드 생성이나 영업이 잘 안 풀린다면 먼저 자신부터 살펴봐
야 한다. 이상적인 고객 프로필은 명확히 정의되어 있는가?
고객의 핵심적인 어려움을 파악했는가? 너무 넓은 고객층을
목표로 삼아 메시지를 희석시키고 있지는 않은가?

경영진은 타겟 고객을 좁히면 시장 기회를 놓친다고 생각
하여 이를 싫어하지만, "니치 마켓을 잡아야 부자가 된다(Pick
a niche, get rich)"는 말이 있다. 집중력을 높여 메시지를 레이저
처럼 좁혀야 시장의 무관심과 소음을 뚫을 수 있다.

또 기업들은 자신들이 어떤 일을 하고 어떤 존재인지 자랑
하는 것을 매우 좋아한다. 예를 들어 "우리는 이 분야를 선도
하는 플랫폼입니다…"라고 말하는 식이다. 하지만 고객은 기

업이 무엇을 하는지에 전혀 관심이 없다. 고객이 진짜로 관심 있는 것은 오직 기업이 자신에게 무엇을 해줄 수 있는지, 즉 얻을 수 있는 가치와 결과뿐이다. 당신이 플랫폼 회사를 운영하고 있다면, 그 플랫폼이 왜 고객에게 가치가 있는가? 고객에게 구체적으로 어떤 영향이나 결과를 약속할 수 있는가?

경영진은 최소한 업무 시간의 25%를 고객과 함께 보내야 하며, 이를 통해 시장에서 실제로 무슨 일이 일어나고 있는지 현실감을 유지해야 한다.

- **해결책:** 제품이나 서비스가 '어떻게' 작동하는지가 아니라, 고객을 위해 '무엇을' 해줄 수 있는지 고객과 직접 이야기하면서 명확히 이해하라. 이것을 모든 직원과 공유할 수 있도록 간결하고 명료한 1페이지 문서로 작성하라. 정기적으로 전화나 직접 방문을 통해 고객과의 접점을 유지하라.

치명적 실수 6: 부정확한 추적과 측정

반복 가능한 프로세스가 없다면 예측 가능한 매출도 없다. 중요한 사항을 정기적으로 측정하지 않는다면, 무엇을 반복하고 무엇을 개선해야 할지 알 수 없으며, 예측 가능성을 가질 수 없다. (측정해야 할 중요한 지표는 단순히 영업사원이 하루에 몇 통의 전화를 걸었느냐가 아니다.)

- 영업 및 마케팅 활동과 성과를 얼마나 효과적으로 측정하고 있는가?
- 측정하지 않고 있다면, 왜 계속 미루고 있는가? '다음 주에, 다음 분기에, 내년에…'하며 미루고 있지 않은가?

- 무엇이 효과가 있고 없는지를 정확히 이해하지 못한다면, 개선 방법은 결국 추측에 불과하다.

오직 5가지 지표만 측정해야 한다면…
다음의 지표를 가능한 한 자주 측정하라.

1. 매월 생성되는 신규 리드의 수 (리드의 출처 포함)
2. 리드에서 영업 기회(Opportunity)로 전환되는 비율
3. 매월 생성되는 적격 영업 기회(qualified opportunities)의 개수 및 예상 매출 규모(pipeline dollar value). 이것이 매출을 예측하는 가장 중요한 선행 지표다.
4. 영업 기회에서 최종 계약(closed deal)으로 전환되는 비율
5. 실제 계약된 매출을 다음의 세 가지 항목으로 나누어 측정하라: 신규 고객(New Business), 추가 매출(Add-On Business), 재계약 매출(Renewal Business).

- **해결책:** 핵심 활동이나 성과 지표 3~5개를 당장 측정하기 시작하라. 신규 지표와 기존 지표를 지속적으로 실험하면서 어떻게 비즈니스를 개선할 수 있을지 확인하라. 매주 핵심 팀과 함께 이 지표들을 검토하라.

치명적 실수 7:
명령과 통제(Command-and-control) 중심의 관리
직원에게 코칭을 통해 문제를 스스로 해결하도록 돕기보다는 그냥 지시를 내리는 것이 더 편한가? 코칭이 시간이 더 오래 걸리고 더 많은 에너지와 주의가 필요하기 때문일 수 있다.

당신만 그런 것이 아니다. 직원들을 지원하는 데 많은 시간을 쓰는 일은 사실 꽤 어려운 일이며, "다들 성인이니 알아서 잘하겠지"라는 생각에 빠지기 쉽다.

하지만 이렇게 하면 직원들을 잠재력과 열정, 아이디어를 가진 사람으로 보는 대신 단순히 자원으로만 취급하는 위험에 처하게 된다.

실제로는…

- 대부분의 직원은 본인의 업무를 넘어 아이디어를 제안하고 더 많은 기여를 하고 싶어 한다.
- 대부분의 직원은 동기를 부여받고 의미 있는 일을 하고 싶어 한다.
- 대부분의 직원은 도움이 되고 싶어 하며, 신뢰받고 싶고, 소통하고 싶어 한다.
- 대부분의 직원들에게 항상 지시만 받는 일은 경영진이 지시를 내리는 것만큼이나 피곤한 일이다.

그렇다면 직원들의 창의력과 열정, 성과를 온전히 이끌어 내려면 어떻게 해야 할까? 이미 효과가 입증된 여러 가지 방법들이 존재한다.

- **해결책:** 리카르도 셈러(Ricardo Semler)의 『셈코 스토리(The Seven Day Weekend, 일주일 중 7일을 주말처럼)』을 읽거나, www.worldblu.com에 방문해 민주적으로 운영되는 회사들에 대해 더 많이 알아보거나, 내 책『CEOFlow: 직원을 MiniCEO로 전환하는 방법(CEOFlow: Turn Your Employees Into MiniCEOs)』을

읽어보라.

보너스 실수: 고객 성공(Customer Success)에
충분히 투자하지 않는 것

CEO와 임원들은 특히 회사 설립 초기에 신규 고객을 확보하는 데 지나치게 집중한 나머지, 기존 고객과 과거의 고객을 자주 무시한다.

새로운 직원을 딱 한 명만 더 채용할 수 있다고 생각해 보자. 영업사원과 고객 관리 담당자 중 누구를 뽑을 것인가? 거의 항상 답은 영업사원이다.

하지만 고객 관리와 지속적인 고객 지원을 무시하는 것은 위험한 행동이다. 우리는 이제 '즉각적인 업보(Frictionless Karma)'의 시대에 살고 있다. 좋거나 나쁜 고객 경험이 평생이 아니라 즉시 퍼지는 세상이다. 한 개의 썩은 사과가 이전보다 훨씬 빨리 전체를 망가뜨릴 수 있다.

2008년, 내 고객 중 하나가 대형 계약을 앞두고 은행과 두 번째 프레젠테이션 미팅을 진행했다. 내부에 조력자도 있었고 미팅이 잘 풀렸다고 생각했다.

하지만 며칠 후 내부의 조력자가 그들에게 연락해 이렇게 말했다. "친구로서 솔직히 말해줘야 할 것 같아. 우리가 당신 회사와 유사한 서비스를 사용하는 여러 기업에 이메일을 보내 의견을 물었는데, 너희는 내가 개인적으로 제일 좋아하는 회사임에도 불구하고, 고객들의 답변은 하나같이 너희 서비스가 형편없다는 거였어. 이 때문에 너희는 지금 이 계약에서 매우 불리해진 상태야." 세일즈 VP로서 듣고 싶은 말은 결코 아닐 것이다.

- **해결책:** 첫 고객 50명의 손을 꼭 잡고 애정을 쏟아라. 특별한 프로세스나 마법 같은 방법이 따로 있는 것이 아니다. 그저 전화를 하고, 방문하고, 대화를 나누라! 고객이 무엇이 필요한지, 어떤 개선이나 아이디어가 있는지 물어라. 조언을 요청하고, 들은 다음에는 꼭 실행하라.

8장.

'세일즈 머신'의 기본 원리
Sales Machine Fundamentals

기본 원칙을 기억하라. 그리고 잊지 말아야 할 핵심은
전문화(specialize), 전문화(specialize), 그리고 또다시
전문화(specialize)다!

행복한 고객이 초성장을 만든다

페이스북(Facebook), 자포스(Zappos), 구글(Google) 등과 같은
수십억 달러 규모 기업들의 공통점은 무엇일까? 바로 고객의
신뢰(Trust), 고객 성공(Customer Success), 고객 만족(Customer
Happiness), 그리고 고객 감동(Customer Delight)이다.

　지금 당신의 회사는 고객을 만족시키고, 성공하게 하고, 기
쁘게 하는 데 어떤 노력을 하고 있는가?

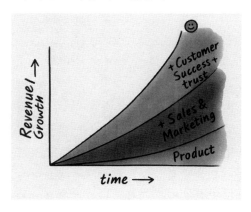

세일즈 1.0 (밀어붙이는 판매: Promotion) vs
세일즈 2.0 (끌어당기는 판매: Attraction)

인터넷이 등장하면서 비즈니스와 영업의 방식은 완전히 변했다.
　과거의 전통적인 영업 방식(세일즈 1.0)은 마치 영업 담당자
가 고객의 등을 손가락으로 계속 찌르며 "이제 사시겠어요?",
"이제는요?", "이제 좀 사주세요!"라고 끊임없이 재촉하는 것
과 비슷했다. 결국 고객은 귀찮음을 못 이기고 제품을 사버리

는 경우가 많았으며, 판매자는 제품이 실제로 고객에게 도움이 되는지, 고객이 만족하는지에 대해서는 신경을 거의 쓰지 않았다.

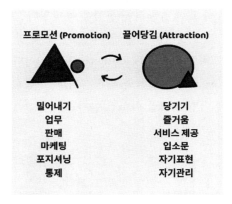

과거의 영업 성공은 통제와 조종을 기반으로 했다. 어떻게든 계약을 성사시키고 수표를 받아내는 데 집중했으며, 판매이후 고객이 불만족하거나 실패했는지 알기 어려웠다. 인터넷 이전에는 고객이 불만을 드러내거나 공유하는 게 지금보다 훨씬 힘들었기 때문에, 품질이 낮은 제품을 비싼 가격에 팔아도 당장 문제가 되지 않았다.

하지만 이제 인터넷 시대가 되면서 모든 것이 완전히 바뀌었다. 이것을 나는 '즉각적 인과응보(Frictionless Karma)'라고 부른다. 즉, 좋은 일이든 나쁜 일이든 당신이 한 행동의 결과가 먼 훗날이 아니라 즉각적으로 돌아오는 시대다.

지금 성공하는 기업들은 영업이란 그저 판매를 완료하는 것이 아니라, 고객이 구매 이후에도 오랜 기간 성공할 수 있도록 도와주는 과정의 첫 단계일 뿐이라는 사실을 잘 알고 있다.

지금 우리가 사는 '끌어당김(Attraction)'의 시대에 필요한 영업 방식은 결코 수동적인 자세를 의미하지 않는다. 여전히 적극적이고 공격적일 수 있지만, 접근 방식과 분위기는 확연히 다르다.

이제 영업 담당자들은 고객을 압박하고 돈만 바라보며, 가식적으로 보이는 것이 아니라, 고객을 존중하고, 분명한 목적의식을 가지고, 잠재 고객이 고객이 되기도 전에 이미 가치를 제공해야 한다.

이 새로운 시대의 영업 담당자는 '기분 좋게 끈질긴 사람(Pleasantly Persistent)'이어야 한다.

세일즈 머신을 만드는 9가지 원칙

이 책의 대부분은 예측 가능한 매출 창출을 위한 영업 시스템 구축에서 '무엇'을 해야 하는지에 대한 내용이지만, 이를 '어떻게' 실행하는지도 그에 못지않게 중요하다.

지금부터 소개할 9가지 원칙은 여러분이 일상적으로 영업 시스템을 구축할 때 훨씬 더 효과적일 수 있도록 도와줄 핵심 지침이다.

1. 인내심을 가져라.

안정적으로 매출을 만들어내는 영업 시스템을 구축하는 데는 최소 4~12개월, 경우에 따라 그 이상이 걸릴 수도 있다. 특히 B2B 비즈니스에서는 신규 프로그램(예: 리드 발굴 캠페인)을 시작해 실수를 발견하고 개선하며, 실질적인 매출이 나오고, 마침내 그것이 정착되어 습관처럼 돌아가기까지 오랜 시간이 필요하다.

2. 끊임없이 실험하라.

모든 것을 실험하라. A/B 테스트를 습관화하고, 전화 스크립트나 이메일 문구를 각각 50명의 잠재 고객에게 테스트해 더 효과적인 쪽을 파악하라. 이 원칙을 모든 업무에 적용하라. 무엇이 실제로 효과가 있는지 시험하고 검증하는 것이 중요하다.

3. 일회성 프로젝트는 피하라.

(단, 미래에 유용한 지식을 얻기 위한 실험이라면 예외다.) 지속적으로 반복될 가능성이 없는 프로젝트는 진행하지 않는 것이 좋다. 단기적으로 성과가 좋아 보이더라도 일회성 업무는 장기적이고 지속 가능한 프로젝트에서 주의를 분산시키는 장애물일 뿐이다.

4. 엑셀에서 벗어나라.

다음과 같은 원칙을 세워라. 영업기회, 주문, 고객 등의 정보가 영업 자동화 시스템(Sales Force Automation System)에 존재하지 않는다면, 아예 존재하지 않는 것으로 간주한다. 예를 들어, 영업사원의 인센티브는 반드시 시스템에 기록된 거래와 데이터를 근거로 지급해야 한다. 보고서 역시 엑셀이 아니라 시스템 내에서 최대한 생성되도록 하라.

5. 프로세스를 간단한 도식(flow chart)으로 표현하라.

현재 리드 생성이나 영업 프로세스가 어떤지 간단히 설명할 수 있는가? 프로세스를 종이나 화이트보드에 간략히 도식화할 수 없다면 이미 문제가 있는 것이다. 너무 복잡한 흐름도는 도움이 되지 않으며 오히려 혼란을 야기한다. 3~7단계 정도의 간단한 과정으로 정리하는 것이 가장 좋다. 프로세스의 바람직한 최종 결과부터 정의하고, 그 결과를 얻기 위해 프로세스가 어떤 모습이어야 하는지 정리하라. 현재는 혹시 임시방편으로 진행되고 있지는 않은가? 도식화는 혼란스러운 업무에 질서를 부여하고, 예측 가능한 결과를 내는 첫 단계다.

6. 활동량(activity)보다 결과(result)에 집중하라.
예를 들어, 영업사원의 하루 전화 통화 수보다는 월별로 생성된 '적격 영업기회(qualified opportunities)' 수를 측정하는 것이 훨씬 의미 있다.

7. 지표는 적을수록 좋다.
보고서와 대시보드를 지나치게 많이 만들어 혼란스러운 상황을 피하라. 지나치게 많은 지표를 관리하면 오히려 중요한 지표를 놓치게 된다. 팀과 협력해 가장 핵심적인 지표만 골라 관리하라. 수십 개보다는 한 손에 꼽힐 정도로 적은 수의 지표를 활용하라.
　다음은 리드 생성 및 영업 개발에서 특히 중요한 5가지 지표다.

- 월별 신규 리드 생성 수
- 월별 적격 영업기회 수 및 총 예상 매출(미래 매출 예측의 핵심 지표)

- 리드에서 적격 영업기회로의 전환율(%)
- 총 계약(매출) 금액 (신규 고객, 추가 매출, 갱신 매출로 구분)
- 성사율(Win rate): 신규 파이프라인 중 실제 계약으로 전환된 비율

8. 부서 간의 '바통(baton)' 전달에 특히 주의하라.

프로세스가 팀 간을 오갈 때(예: 마케팅 부서가 영업 부서로 리드를 넘기거나, 영업 부서가 신규 고객을 서비스 부서에 전달하는 경우 등) 업무 전달이 이루어진다. 업무 전달 과정에서 전체 문제의 약 80%가 발생한다. 부서 간 업무 인계 과정을 명확히 재설계해 바통이 확실하게 넘어가고 중간에 떨어지지 않게 하라.

9 작은 걸음부터 시작하라.

작지만 꾸준한 개선을 반복적으로 시도하라. 시간이 지나면서 이 작은 변화들이 모여 큰 변화를 이룰 것이다. (첫 번째 원칙인 '인내심'을 기억하는가?) 회사들은 실제 역량보다 더 크고 빠른 변화를 기대하다가 소화하기 어려운 상황을 맞는다. 이는 결국 '한 걸음 전진, 두 걸음 후퇴'라는 부작용을 가져온다. 작은 변화를 꾸준히 축적해 가는 것이 현명한 방법이다.

세일즈 조직을 성공시키는 4가지 핵심 기능의 분리

높은 생산성을 갖춘 현대적인 세일즈 조직을 구축하기 위해 가장 중요한 원칙은 바로 '역할의 전문화'다. 세일즈포스가 뛰어난 생산성과 성공적인 영업 조직을 구축한 가장 큰 이유 중

하나가 바로 이 역할 전문화에 있다.

가장 흔히 발생하는 생산성 저해 요소 중 하나는 서로 성격이 다른 업무들(예: 웹 리드의 초기 평가, 콜드콜, 계약 체결, 고객 관리)을 하나의 일반적인 '영업' 역할로 섞어서 맡기는 것이다.

업무를 혼합할 때 발생하는 비효율성

집중력 저하

영업 담당자는 이미 많은 책임을 짊어지고 있는데, 그 위에 다양한 업무까지 맡으면 집중력이 분산되고 효율성이 급감한다. 예를 들어, 웹사이트에서 들어온 리드를 평가하는 업무는 기존 고객 관리 업무보다 가치가 훨씬 낮은 일이며, 반대로 너무 많은 고객을 관리하면 새로운 고객을 발굴하고 계약을 체결하는 데 방해가 된다.

인재 육성의 어려움

영업 역할이 한두 가지로만 나뉘어 있으면 신입 영업 인재를 채용하고 단계적으로 성장시키는 것이 어렵다. 체계적인 커리어 패스가 없어, 자체적으로 인재를 키우기 힘들어진다. 자체적으로 육성한 인재가 가장 뛰어난 성과를 낼 가능성이 높은데도 말이다.

명확하지 않은 성과 측정 기준

리드 유입률, 리드 전환율, 고객 성공률 등 핵심 성과 지표를 정확히 측정하고 추적하려면, 영업 역할이 명확히 나누어져 있어야 한다. 업무가 뒤섞여 있으면 개별 프로세스의 성과를 명확히 분석하기 어렵다.

문제의 원인을 찾기 어려움

성과가 나빠졌을 때 업무가 뒤섞여 있으면 문제가 정확히 어디에 있는지 확인하기 어렵고, 책임 소재가 불명확해져 신속한 개선이 힘들어진다.

세일즈 조직의 4가지 핵심 기능(Core Sales Functions)

아래는 세일즈 조직을 성공시키기 위해 필수적으로 전문화해야 할 네 가지 주요 영업 기능이다.

1. 인바운드 리드 평가(Inbound Lead Qualification)

흔히 **마켓 리스폰스 담당자(Market Response Rep)** 라고 불리며, 웹사이트나 고객센터 전화로 유입된 리드를 평가하고 선별하는 역할이다. 이런 리드는 일반적으로 마케팅 프로그램, 검색 엔진 마케팅(SEM), 입소문을 통해 유입된다.

2. 아웃바운드 영업 개발(Outbound Prospecting, Cold Calling 2.0)

흔히 영업 개발 담당자(Sales Development Rep, SDR) 또는 신규 비즈니스 개발 담당자로 불리며, 잠재 고객(Target Accounts)에 대한 리스트를 바탕으로 적극적으로 신규 고객을 발굴하는 업무를 수행한다. 이 팀은 **절대 직접 계약을 체결하지 않으며**, 신규 영업기회(Opportunity)를 발굴하고 평가한 후, 담당 AE에게 전달하는 역할을 수행한다.

3. AE(Account Executive, 계약 체결 담당 영업)

실제 매출 목표(Quota)를 가지고 계약을 체결하는 담당자다. 이들은 사무실 내에서 근무하는 인사이드 세일즈 담당자일 수도 있고, 외부 현장에서 고객을 만나는 필드 세일즈 담당자일 수도 있다.

이상적인 방법은 고객 성공 담당자가 별도로 존재하더라도, AE가 직접 계약을 체결한 신규 고객과 지속적으로 소통하면서 고객이 제품이나 서비스를 실제로 완벽히 도입할 때까지 관리하는 것이다.

4. 고객 관리와 고객 성공
(Account Management & Customer Success)

이 팀은 고객이 성공적으로 제품이나 서비스를 도입하고 사용하도록 돕는 전담 부서다. 고객 도입부터 지속적인 고객 관리 및 재계약까지 책임진다.

오늘날의 '즉각적 인과응보(Frictionless Karma)' 시대에서는 반드시 고객의 성공을 전담하는 팀이 있어야 한다. 이 역할은 영업사원이 아니라 별도의 고객 성공 전문가가 맡아야 한다.

이러한 4가지 핵심 기능을 나누지 않고 하나로 뭉쳐 운영하고 있다면, 바로 여기서부터 시작해야 한다.

효과적이고 성공적인 성장을 이루기 위해서는, 반드시 역할 전문화를 통해 각 담당자가 자신이 맡은 업무에 최고의 역량을 발휘하도록 해야 한다.

언제 업무를 세분화해야 할까?

"우리는 아직 규모가 너무 작아서 전문화할 수 없다."라는 말을 자주 듣는다. 지금 단 몇 명의 AE만 있다고 하더라도, 항상 "생각보다 빨리" 전문화해야 한다. 계약 성사를 맡는 세일즈맨 다음으로 고용하는 두 번째 사람은 첫 번째 AE를 위하여 리드 생성에만 전념하는 영업 담당자가 되어야 한다.

첫 번째는, 조직 규모와 무관하게 '80/20 원칙'을 따르는 것이다. 영업팀 전체가 본업 외의 보조 업무에 시간의 20% 이상을 쓰기 시작한다면, 해당 업무는 독립된 직무로 분리해 새 역할로 만드는 것이 좋다.

영업의 4가지 핵심 역할을 전문화하라

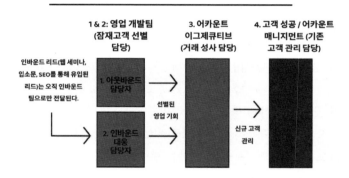

예를 들어, 주된 역할이 '아웃바운드 리드 창출'인 직원이 '리드 검증'에 전체 업무 시간의 20% 이상을 사용한다면, 이 검증 업무를 전담하는 새로운 역할을 만들어 분리해야 할 때다.

마찬가지로, 주 업무가 기존 고객 관리인 현장 영업 담당자가 신규 고객 발굴에 시간의 20% 이상을 쓰고 있다면, 그들의 부담을 덜어줄 새로운 역할을 설정하여, 영업담당자들이 파이프라인 및 기존 고객 관리에 더 집중할 수 있도록 지원하는 방안을 고민해야 한다.

두 번째는, 인바운드 리드의 양이 일정 수준 이상이면 반드시 이를 전담하여 검증하는 직원을 두어야 한다는 것이다. 예를 들어, 매달 수백 개의 인바운드 리드가 들어온다면, 담당 영업사원(AE)이 직접 처리하지 않고 '내부 마켓 리스폰스 담당자(Market Response Rep)'를 별도로 두어 리드 검증 업무를 전담하도록 하는 것이 효율적이다. 이들이 적격한 리드만 AE에게 전달하면 영업 생산성이 크게 향상될 것이다.

영업 담당자들을 대상으로 제품을 판매한다면?

당신의 고객이 영업 부서나 영업 임원이라면, 회계연도 마감일을 1월 31일이나 2월 28일로 바꾸는 것을 고려하라. 굳이 고객(영업 담당자들)이 자신들의 연말 마감과 동시에 당신과의 계약까지 처리하도록 강요할 필요가 없다.

영업 담당자들은 본인의 분기나 회계연도 마감에 매우 바쁘기 때문에, 월말이나 분기말 시점에는 연락이나 판매 제안을 해도 이메일이나 전화 응답률이 떨어진다. 고객의 분기 또는 월말 마감이 지난 후 며칠 뒤에 연락하는 것이 더 효율적이다.

또한, 대부분의 영업 담당자들이 스마트폰을 자주 사용하므로, 신규 고객에게 이메일을 보낼 때는 간단하고 짧게 작성하여 상대가 빠르게 읽고 답장할 수 있게 하라. 복잡한 생각이나 처리가 필요한 내용은 최대한 피하는 것이 좋다.

물론, 이 예시는 고객이 영업 담당자일 경우에 해당한다. 당신의 제품이나 서비스가 영업 담당자에게 판매하는 것이 아니라면, 당신의 상황에 맞게 고객이 편하게 구매 의사결정을 내릴 수 있는 시기나 방식을 따로 분석하고, 고객의 구매 주기에 맞춰 전략을 조정하라. 고객이 겪는 계절적, 주기적, 업무적 리듬을 파악하고, 이에 맞춰 구매 결정 시점에서 고객을 배려하는 접근이 필요하다.

세일즈팀 구조화를 위한 완전히 다른 접근

나는 기술기업들에 대해 새로운 비전을 제안하고자 한다. 사실 이러한 방식은 이미 몇몇 서비스 기업이나 제조 기업에서 성공적으로 작동하고 있다.

오늘날 대부분의 B2B 기술 및 비즈니스 서비스 기업이 사용하는 관리 방식은 과거의 거대한 제조기업 — 예컨대 제너럴 모터스(GM) — 의 방식과 유사하다. 하지만 GM은 이후 도요타(Toyota) 같은 린(lean, 낭비를 최소화하는 효율적 생산방식) 제조기업에 밀려났다.

나는 보다 많은 기업이 관리와 영업 모델을 "하나의 큰 기업 안에 여러 개의 소규모 비즈니스가 존재하는 형태"로 발전시키기를 바란다. 즉, 현재처럼 영업, 마케팅, 고객지원과 같이 기능별로 엄격히 나누는 대신, 직원들을 다양한 역할이 포함된 미니 비즈니스 유닛(mini-business unit, 작은 사업 단위)으로 구성하는 것이다.

예를 들어, 회사가 거대한 영업 전담팀, 고객지원 전담팀, 마케팅 전담팀을 운영하는 대신, 이 인력을 하나의 소규모 비즈니스 유닛으로 재구성해 보자. 이는 마치 대형 소매 체인이 작은 소매점들(mini-retail stores)의 집합으로 운영되는 방식과 비슷하다.

당신이 소프트웨어 기업을 운영한다고 생각해 보자. 특정 지역(territory)을 담당하는 하나의 미니 비즈니스 유닛(이를 편의상 '포드 팀(pod-team)'이라 부르자)에 마케팅 담당자 1명, 인사이드 세일즈(Inside Sales, 주로 전화나 온라인을 통해 원격으로 영업을 수행하는 영업사원) 2명, 아웃사이드 세일즈(Outside Sales, 고객과 직접 만나 현장에서 영업을 수행하는 영업사원) 2명, 계정 관리자(Account Manager) 1명, 고객지원 담당자 2명, 기술 전문가(세일즈 엔지니어) 1명을 배치한다고 상상해 보라.

만약 이 미니 비즈니스 유닛의 모든 구성원이 서로 고객의 니즈와 경험을 공유하고 배우게 된다면 어떨까? 기본적인 영업 교육을 받은 영업사원이 같은 유닛 내의 마케팅 담당자와 고객지원 담당자와 함께 일하면서, 고객의 실제 언어를 익히고, 문제 고객을 피하는 방법을 배우며, 고객의 기대치를 적절히 설정하고, 더 많은 추천을 받고, 궁극적으로 더 많은 계약을 성사시킬 수 있다면 얼마나 효율적이겠는가?

마케팅 담당자가 영업 담당자가 실제로 판매하는 모습을 직접 보고, 고객 지원 담당자로부터 고객이 제품을 어떻게 사용하는지 구체적으로 배운다면, 마케팅을 훨씬 더 효과적으로 수행하지 않을까?

지원 담당자가 고객이 영업 과정에 들어온 순간부터 고객의 생애 주기 전반을 지켜보았다면, 문제가 발생하기 전에 미리 파악하고 예방할 수 있지 않을까?

마케팅, 영업, 고객 지원 기능이 서로 완전히 격리되지 않고, 오히려 각 팀이 서로 유기적으로 연결되어 각자의 역할을 깊이 이해하고 소통하게 된다면, 문제가 더 커지기 전에 미리 파악하여 대응할 수 있는 능력이 생기게 될 것이다.

만약 각 팀을 하나의 독립된 '미니 비즈니스(소규모 사업체)'로 운영하여, 각 팀을 총괄하는 책임자를 마치 '소매점의 지점장' 또는 '사업부의 총괄 책임자'처럼 관리하게 한다면 어떨까? 이 책임자는 채용과 해고, 팀원의 코칭, 고객 만족 관리, 매출 관리뿐 아니라 손익(P&L)까지 책임지는 역할을 맡게 되는 것이다.

이 미니 사업의 팀이 각자의 손익계산서(P&L)를 직접 관리하면서, 채용, 인력 관리, 교육과 코칭, 고객 만족도 및 실제 영업 실적까지 책임지도록 하고, 마치 소매점의 매니저나 사업부 책임자처럼 운영되면 어떨까?

이렇게 조직을 운영한다면, 마치 진정한 소규모 CEO(mini-CEO)와 같은 뛰어난 인재를 키울 수 있을 것이다. 이들은 당신의 조직을 이끄는 데 필요한 전방위적 시야와 능력을 갖추게 되고, 당신 회사에서 미래의 리더로 성장해 갈 것이다.

나는 분명 테크놀로지 분야든 어떤 분야든, 이런 방식을 활용하면 탁월한 인재를 빠르게 양성할 수 있다고 확신한다.

한번 상상해 보라. 이 방식을 통해 얼마나 우수한 인재들을 성장시키고 확보할 수 있을지 말이다. 이미 회사 안에 있는 재능 있는 직원들이 당신의 지속 가능한 성장과 혁신을 위해 진정한 '미니 CEO'로 거듭나게 되는 것을 말이다.

이미 상상만으로도 가슴 뛰지 않는가?

9장

인재 육성
Cultivating Your Talent

팀과 당신이 성공하느냐 실패하느냐는 결국 사람의 질(quality)에
달려 있다. 다음과 같은 중국의 옛 속담이 있다.

"1년의 번영을 원하면 곡식을 심어라. 10년의 번영을 원하면
나무를 심어라. 100년의 번영을 원하면 사람을 키워라."

결국 장기적인 성공을 이루기 위해선 인재를 육성하고 키우는
것이 가장 중요한 일이라는 의미다.

행복한 직원이 행복한 고객을 만든다

'특별한 성장을 이루려면 행복한 고객이 필요하다'는 개념을 기억하는가? 사실 이 모든 것은 회사 내에서 훌륭한 기업 문화를 만드는 것으로부터 시작된다.

당신은 직원들이 실제로 일하는 것을 즐기도록 어떤 노력을 하고 있는가? CEO 또는 리더로서 당신이 보여주는 행동과 태도는 긍정적이든 부정적이든 회사 전체의 문화에 물결처럼 퍼져 나간다.

'훌륭한 영업사원'을 어디서 찾나?

많은 사람들이 내게 늘 묻는 질문이다. 물론 영업직뿐 아니라 어떤 직무에서든 좋은 인재를 찾기란 쉽지 않다. 하지만 영업 팀을 위한 최고의 장기적인 인재 확보 방법은 스스로 인력을 키우고 육성하는 것이다.

이상적인 팀 구성은 경험 많은 베테랑 한 명에 젊고 똑똑하며 유연한 신입 세 명을 배치하는 것이다. 그런 다음 구성원들이 꾸준히 새로운 것을 배우고 성장할 수 있도록 도전 과제를 지속적으로 제공하는 시스템을 만들어라. 가장 뛰어난 영업 인력은 결국 회사 내부에서 성장하며 제품과 고객, 그리고 회사의 모든 것을 속속들이 이해하는 사람이다.

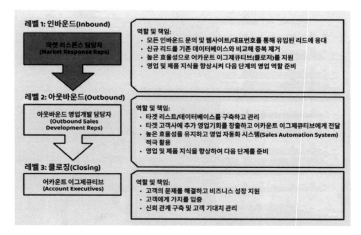

'팜팀(Farm Team)' 시스템을 구축하라

직원들에게 명확한 커리어 경로를 제공하고 지속적으로 성장시키기 위한 '팜팀 시스템(야구에서 유망주를 키우는 2군 시스템)'을 구축해 보자. 각 직무는 다음 단계로 인력을 공급하는 역할을 수행하게 된다.

스타트업이나 소규모 영업팀의 경우 다음과 같은 단계로 예를 들 수 있다.

- 마켓 리스폰스 담당자(Market Response Rep): 웹사이트를 통해 유입된 리드(잠재고객)에 대응

- 영업 개발 담당자(Sales Development Rep): 신규 고객사를 개척하고 영업 기회를 개발
- 어카운트 이그제큐티브(Account Executive) 또는 세일즈 이그제큐티브(Sales Executive): 계약 성사

조직 규모가 커지고 역할이 세분화될수록 더 구체적인 시스템을 구축할 수 있다. 다음은 더 큰 조직에서 적용 가능한 예시이며, 각 단계는 다음 단계에서 성공을 거두기 위한 경험을 미리 제공한다.

1. 마케팅 인턴 또는 영업 운영 계약직 직원
2. 인사이드 세일즈 개발(Inside Sales Development) - 인바운드(inbound, 고객이 먼저 접근하는 형태) 리드 검증 및 자격 부여
3. 인사이드 세일즈 개발 - 아웃바운드(outbound, 먼저 고객에게 접근하는 형태) 영업 활동을 통한 잠재고객 발굴
4. 인사이드 세일즈 계약 성사 - 중소기업 고객 담당
5. 인사이드 세일즈 계약 성사 - 소규모 고객 담당
6. 필드 세일즈 계약 성사 - 중견기업 고객 담당
7. 필드 세일즈 계약 성사 - 대기업 고객 담당

여기에는 계정 관리(Account Management), 세일즈 엔지니어, 고객 지원(Customer Support) 등 고객과 관련된 다양한 팀은 아직 포함되지도 않았다. 실제로 이러한 팀 간에 인력이 순환하면 조직 전체에 큰 도움이 된다.

직원들이 다양한 경험을 쌓고 여러 분야의 전문성을 개발할수록, 고객의 문제를 탁월하게 해결할 수 있는 역량을 갖추

게 된다. 이는 고객을 직접 대면하든 아니든, 회사의 모든 직무에서 큰 도움이 되는 강력한 장점이다.

이동 주기(Timing)

직무에 따라 직원들을 승진시키거나 다른 부서로 순환 배치하는 기간은 빠르게는 6~8개월(주로 초기에 직무가 명확히 정해진 단계)부터, 좀 더 전문성이 필요한 단계에서는 1~3년 정도로 설정하는 것이 바람직하다.

직원을 새로운 역할로 옮기는 과정에서 발생하는 단기적인 비용이나 수고는, 직원이 더 다양한 경험과 전문성을 갖추게 되고, 끊임없이 새로운 과제를 통해 활력을 유지하며 고객의 니즈를 폭넓게 이해하게 되는 장점에 비하면 충분히 상쇄되고도 남는다.

최고의 영업사원이 갖춰야 할 자질

채용과 승진은 신중하게 진행하라. 최고의 영업 인재들은 단순한 판매원이 아니라, 오히려 컨설턴트나 사업가처럼 일할 수 있는 사람들이다. 뛰어난 영업 인재들이 지닌 특징은 다음과 같다.

- 말하는 것보다 듣는 데 훨씬 많은 시간을 쓴다.
- 뛰어난 문제 해결사다.
- 고객의 산업과 사업, 그리고 요구 사항을 깊이 이해한다.
  (이것은 고객과 신뢰를 형성하고 문제 해결에 꼭 필요한 요소다.)

- 자신이 판매하는 제품과 회사에 대한 믿음이 확고하다.
- 누구도 의심할 수 없는 정직성과 윤리를 갖추고 있다.
- 내부 네트워크를 활용해 회사 내에서 일을 성사시키는 능력이 있다.

당신은 이러한 사람들을 채용하고 있는가? 인터뷰를 진행하는 담당자들이 어떤 사람을 채용하고 어떻게 인터뷰를 해야하는지 명확히 알 수 있도록 '이상적인 직원(Ideal Employee)' 프로필을 작성해 둔 적이 있는가?

이미 채용한 사람들은 어떻게 교육하고 성장시키고 있는가?

회사가 별도의 교육이나 인력 개발 프로그램을 가지고 있지 않다면, 직원의 성장은 생각보다 잘 이루어지지 않을 것이다. 단지 일주일에 한 번, 1시간씩 팀 단위로 진행하는 교육(예: 화요일이나 수요일 오후 세션)만으로도 팀 전체의 영업 역량을 크게 향상시킬 수 있다.

'100% 성과급(Commission-only)' 영업사원을 고려해야 하는가?

내가 만난 회사의 95%는 100% 성과급 기반의 영업사원을 활용하는 것을 권장하지 않는다. 물론 각 회사의 경영진이 본인의 시장과 비즈니스를 가장 잘 이해하겠지만, 나는 특별한 경우가 아니면 100% 성과급 영업직을 추천하지 않는다.

단, 금융 서비스업과 같이 성과급 영업이 표준으로 자리 잡은 산업이라면 예외일 수 있다.

직원이 성공하느냐 실패하느냐는 결국 회사 환경이 결정한다. 100% 성과급 제도는 영업 리더십이나 회사가 직원의 성공을 진심으로 지원하고 격려한다는 메시지를 주기 어렵다.

장점:
- 채용 과정에서 위험이 감소한다. (다만 채용에도 시간과 기회 비용이 여전히 든다.)
- 영업사원에게 계약 성사에 대한 높은 동기부여를 제공한다.

단점:
- 영업 주기가 1~2개월 이상 걸리는 비즈니스라면, 100% 성과급 영업사원은 충분히 계약을 성사시키기도 전에 금전적으로 어려움을 겪기 시작할 것이다. 이들은 회사가 성과를 판단하기도 전에 퇴사할 가능성이 높다.
- 회사는 보다 나은 직장을 찾지 못한 경험이 부족한 영업 지원자들을 끌어들이게 될 것이다.
- 성과급 영업 방식은 계약 성사를 위해 비윤리적이거나 무리한 영업 방식을 시도하도록 영업사원을 압박할 수 있다. 절박한 영업사원들이 회사 이미지를 훼손하고 법적 리스크를 높이며, 고객의 만족과 성공을 저하시킬 뿐 아니라 기업 문화를 망칠 수 있다.
- 불안정한 급여와 일정하지 않은 소득은 영업사원의 개인적인 재정 문제를 키워, 업무 집중력을 떨어뜨리는 결과를 낳는다.

만약 당신의 회사가 소모적이고 단기적인 성과만을 추구하며 표준화된 상품을 판매하는 기업이라면, 100% 성과급 제도가 효과적일 수도 있다.

그러나 솔루션 중심의 고부가가치 영업 조직을 만들고 싶다면, 영업사원들이 회사에 투자하는 만큼 회사도 직원의 성공을 위해 적극적으로 투자하겠다는 의지를 명확히 보여야 한다.

내부 교육을 통해 더욱 강력한 영업팀을 만들어라

지속적인 내부 교육(Internal Training)은 가장 저렴하고도 쉬운 (맞다, 쉬운!) 방법으로 영업팀의 성과를 높일 수 있다. 물론 꾸준한 노력과 집중력이 필요하지만, 항상 시간과 비용 대비 훌륭한 투자다.

인재에 대한 가장 쉽고 효과적인 투자 방법은...

바로 꾸준하고 정기적인 교육과 코칭이다. 특히 신입 영업사원을 대상으로 한 교육이 가장 효과적이다. 영업 능력과 성과를 향상시키고, 신입 직원의 업무 적응 기간을 줄이며, 장기적으로는 직원의 승진 가능성도 높여준다.

간단한 실습과 역할극을 통해 피드백을 제공하면, 공개 프레젠테이션, 고객 반대의견 처리, 전화 영업, 제품 데모 및 개인 경력 개발 등에서 눈에 띄게 큰 성과 개선을 얻을 수 있다.

성공하는 내부 교육의 특징

- 정기적이고 반복적인 교육 프로그램을 운영하라.

- 실습(연습 및 역할극)을 통해 실용적인 피드백을 제공하라.
- 교육이 직원들에게 가치 있다고 느끼도록 설계하라.
- 철저히 후속 조치를 하라: 정기적으로 스케줄을 관리하고, 진척도를 확인하고, 교육 내용을 항상 신선하고 흥미롭게 유지하여, 지속적으로 운영해야 한다.

무엇보다 이 과정이 성공하려면 CEO 또는 세일즈 VP의 확고한 의지와 적극적인 지원이 필요하다. 몇 주, 몇 달, 혹은 분기마다 운영 과정에서 시행착오가 있겠지만, 경영진이 확고한 의지로 투자해야만 영업팀도 이 교육을 진지하게 받아들이고 지속적으로 성장하게 될 것이다.

가장 중요한 것은 철저한 '후속 관리'(Follow-through)

단발성 교육 프로그램을 운영하고, 사후 관리가 없다면 오히려 조직의 성과는 떨어진다. 왜냐하면,

1. 단기적인 성과는 금방 사라지고,
2. 단발성 교육에 투자한 시간과 비용은 낭비되고,
3. 직원들이 경영진이 교육에 진지하지 않다고 판단하여 앞으로 교육을 소홀히 하게 될 것이기 때문이다.

지속적인 생산성 향상을 원한다면, 반드시 모든 교육 과정에 철저히 후속 조치(Follow-through)를 해야 하며, 경영진이 이 교육에 얼마나 진지하게 투자하고 있는지를 직원들에게 증명

해야 한다. 경영진이 헌신하지 않으면, 영업 담당자들도 절대 헌신하지 않는다.

예시: 신입 사원 프로그램 & 세일즈 부트 캠프(Sales Boot Camp)

회사에 신규 영업 사원을 위한 체계적인 교육 과정이 있는가? 예를 들어 신입사원이 초기 프레젠테이션과 데모를 하는 방법을 배우고, 최종적으로 인증 과정을 거치는 '세일즈 부트 캠프' 같은 프로그램이다.

신규 입사자들은 초기에 이런 교육을 통해 성과 평가를 받고, 시간이 지나면 매년 제품 지식, 경쟁사 정보와 같은 주요 분야에 대해 재인증을 받아야 한다.

예시: 경력 개발 과정에 교육을 통합하기

직원의 내부 승진 경로를 영업 교육의 기회로 활용하라. 예를 들어, 영업 담당자가 승진을 원하면 자신의 경험 수준에 맞는 영업 실습을 거치게 하라.

가장 초급 영업 사원들은 '첫 고객 방문 세일즈 프레젠테이션'을 승진 심사로 실시하게 한다. 이 과정에서 평가자인 영업 관리자는 직원의 잠재력을 명확히 평가할 수 있고, 영업 담당자는 자신이 다음 단계로 성장하는 데 필요한 능력(예: 대중 연설, 반대 의견 처리)을 적극적으로 개발하도록 동기부여를 받게 된다.

결국, 내부 교육을 적극적으로 운영하고 철저히 관리하면 조직의 전반적인 영업 역량과 성과가 극적으로 향상될 것이다.

가장 효과적인 영업 트레이닝 방법

영업 교육 방식 중 역할극(role-playing)만큼 효과적인 것은 없다. 심지어 실제 전화 통화를 통한 현장 교육보다도 더 좋다고 생각하는데, 역할극의 최대 장점은 잘 통제된 환경에서 다양한 상황을 반복해 연습하고, 피드백을 통해 문제점을 즉시 개선할 수 있다는 것이다.

역할극은 다음과 같은 다양한 방법으로 진행할 수 있다. 예를 들어, 전화 영업이나 고객 데모 세션, 고객 대상의 디스커버리 콜(discovery call, 고객의 문제점과 요구를 파악하는 단계의 통화), 중요한 라이브 프레젠테이션 등 상황에 맞게 구성할 수 있다.

역할극을 활용한 영업 교육 진행 방법
역할극으로 전화 영업을 연습하는 상황을 예로 들어보자.

- 우선 특정 영업 시나리오를 만들어 팀원들에게 설명한다. 예를 들어 영업개발담당자(SDR)가 제너럴 일렉트릭(GE)의 특정 사업부 마케팅 VP에게 전화를 걸거나, GE 사업부 내 임원 두 명과 디스커버리 콜을 진행하는 상황을 가정한다.
- 교육 대상자(훈련받는 직원)는 따로 선정하고, 역할극에서 고객을 연기할 사람을 정한다. 나머지 팀원들은 참관자로서 회의실에 들어가 상황을 경청한다.
- 교육 대상자는 회의실 밖에서 고객에게 전화를 건다. 즉, 회의실은 고객이 있는 장소, 교육 대상자는 실제 고객에게 전화하듯이 회의실로 전화를 건다.

- 통화가 시작되면 고객을 연기하는 사람(일반적으로 교육 담당자나 관리자)은 실제 고객처럼 반응하며 현실적으로 교육 대상자에게 질문하거나 이의를 제기한다.

이때 교육 담당자는 교육 대상자를 적절히 도전시켜야 하지만, 너무 어렵게 만들어 좌절감을 느끼게 하거나 아무것도 배우지 못하게 해서는 안 된다.

교육의 핵심은, 충분히 현실적이면서도 배우는 사람이 자신감을 잃지 않고 성장할 수 있도록 적절한 난이도와 현실성을 유지하는 것이다. 이런 반복적인 연습을 통해, 실제 고객과 대화할 때 발생할 수 있는 다양한 상황과 반응을 자연스럽게 익힐 수 있다.

자율적으로 운영하는 주간 '세일즈포스U' 교육 미팅

리더 없이도 자율적으로 운영 가능한 기능이 있다. 우리 팀은 매주 수요일 오후에 지속적인 교육을 위한 '세일즈포스 유니버시티(SalesforceU)' 미팅을 진행했는데, 이 회의는 토스트마스터즈(Toastmasters, 대중 연설과 리더십을 키우는 글로벌 조직)의 방식에서 아이디어를 얻어, 우리 회사의 비즈니스 특성에 맞게 변형한 것이었다.

이 미팅은 철저히 자율적으로 운영되었다. 매주 한 명의 팀원이 자발적으로(혹은 조금 수줍은 팀원이라면 주변의 격려를 받아) 다음 주 미팅의 리더 역할을 맡아 의제 설정과 진행을 담당했다.

의제는 보통 다음과 같은 주제로 10~15분 단위로 구성되었다.

- 제품 및 영업 교육
- 일반 비즈니스 교육(예: 재무제표 읽기, 인력 관리법 등)
- 발표력 훈련: 팀원이 전체 팀 앞에서 실제 발표를 하고 피드백 받기
- 리더가 자유롭게 설정한 재미있는 세션(Dealer's Choice)

중요한 것은, 미팅 리더가 직접 모든 콘텐츠를 준비할 필요는 없다는 점이다. 리더는 단지 발표할 사람을 찾고 섭외하며, 미팅을 조직하고 원활히 진행하기만 하면 된다. 이를 통해 미팅 리더는 마치 작은 CEO(mini-CEO)로서 필요한 핵심 역량을 초보 수준에서부터 자연스럽게 키울 수 있다.

다음은 세일즈포스 유니버시티의 실제 미팅 진행 예시다.

1. 미팅 리더의 개회 (1분)

정시에 회의를 시작하고 첫 번째 발표자를 소개하며 회의 시간을 철저히 관리한다.

2. 세일즈 스킬 1 (10~20분)

이 시간은 주로 발표력 및 프레젠테이션을 연습하는 데 사용한다. 처음 발표를 해보는 직원의 간단한 발표에서부터, 실제 영업 시나리오와 피치, 반대 의견 처리, 경쟁사 대응법까지 포함된 실전 역할극까지 다양한 훈련을 할 수 있다. 발표 직후, 팀원들이 발표자에게 즉각적인 피드백을 제공한다.

3. 즉석 질의응답 훈련 (10~15분)

팀원 중 한 명이 잠재 고객들이 흔히 묻는 질문 4~5개를 준비하고, 다른 팀원들에게 즉석에서 대답을 요청하여 대응력을 키운다. 각 답변 후에는 팀원들이 빠르게 피드백을 제공하고, 더 좋은 대답을 제안한다.

4. 세일즈 스킬 2 (10~20분)

두 번째 실전 연습 세션으로, 전화 영업(role-play call), 제품 데모 시연 등을 짧게 연습한다.

5. 베스트 프랙티스 공유 (10분)

담당자는 본인이 직접 발견한 성공 사례 또는 동료의 훌륭한 사례를 발굴해 팀과 공유한다.

6. 산업 또는 특정 업종 학습 (15분)

매주 특정 산업이나 고객 업종을 정해 담당 팀원이 사전 조사하고 발표한다. 이 세션의 담당자는 해당 업종의 용어, 비즈니스 모델 적합성, 고객을 위한 최적의 질문(Discovery questions), 현재 참조 가능한 고객 사례 등을 팀에 전달하고, 궁극적으로 그 업종의 팀 내 전문가가 된다.

7. 미팅 리더의 마무리 (5분)

리더는 미팅을 마무리하며 다음 사항을 결정한다.

    a. 세일즈포스U 미팅 형식에 대한 피드백을 받고, 다음 주의 개선점을 확인한다.

    b. 다음 미팅 리더를 선정한다.

c. 다음 미팅 콘텐츠를 준비할 담당자를 선정한다.

다음 주의 리더는 선정된 역할을 기록하고, 미팅을 성공적으로 준비할 책임이 있다.

미팅의 총 소요 시간은 평균 1~1시간 30분 정도다. 미팅 리더는 철저히 시간을 관리할 책임이 있으며, 이는 미니 CEO로서 중요한 연습 기회가 된다. 때로는 팀 전체가 참여하는 특별 세션(예: 전체 팀이 참여하는 데모 연습 등)을 열기도 한다.

관리자는 특별한 역할 없이 미팅에 참여하고, 다른 팀원과 똑같이 발표자에게 피드백을 제공하거나 미팅 리더에게 조언하는 역할만 수행한다. 관리자는 지나친 개입을 자제해야 한다. 내가 적극적으로 관여하면 할수록 팀원들이 자신의 아이디어와 창의력을 발휘할 수 있는 공간은 줄어들기 때문이다.

미팅 리더가 이전에 회의를 진행해 본 경험이 없더라도 문제가 되지 않는다. 오히려 본인이 성공적인 미팅을 진행하는 방법을 주변 사람들에게 적극적으로 조언받고 도움을 청하는 것이 핵심이다. 팀 내에는 도움을 줄 수 있는 경험자들이 충분히 많으므로, 도움을 요청하지 않는 건 변명의 여지가 없다.

이처럼 매주 역할을 교체하며 피드백 시스템을 갖춘 미팅 방식 덕분에, SalesforceU 미팅은 자율적으로 발전하며 스스로 지속 가능한 교육 프로그램이 될 수 있다.

10장

리더십과 매니지먼트
Leadership and Management

"한 사람이 다른 사람들을 이끌 자격이 있는지 여부는, 그가
스스로를 이끌기 위해 매일 어떤 노력을 하는지를 보면 가장
확실히 알 수 있다."

— 토머스 J. 왓슨(Thomas J. Watson)

다음은 명확하고 간결한 관리 모델이다:

- 사람을 신중히 골라라
- 기대치와 비전을 명확히 설정하라
- 장애물을 제거하라
- 사람들에게 영감을 주어라
- 사람들을 위해 일하라
- 다음번엔 더 잘하게 만들어라

1. 사람을 신중히 골라라(Choose People Carefully)

사람을 채용할 때는 종종 경험보다는 '잠재력(talent)'과 '적응력(adaptability)'을 중시하는 편이 낫다. 시간이 지날수록 가장 뛰어난 성과를 내는 직원은 빠르게 배우고 변화하는 환경과 역할에 잘 적응하는 사람이다. 배우려는 열정이 강하고 빠르게 성장하는 직원은 6개월에서 12개월이면 경험 부족을 충분히 극복하고, 이후 오히려 경험 많은 직원들보다 더 뛰어난 성과를 내게 된다.

실제로 2004년 우리 회사에서 최고의 성과를 낸 영업사원은 입사 전까지 한 번도 영업 직무를 해본 적이 없었다. 뛰어난 잠재력을 가진 지원자가 나타났는데 경험이 부족해서 걱정된다면, 6개월 정도의 수습 역할(Starter role)을 만들어 잠재력을 직접 평가해 보는 것도 좋은 방법이다.

2. 기대치와 비전을 명확히 설정하라(Set Expectations and Vision)

직원의 역할을 단순히 '해야 할 활동' 중심으로 규정하지 말고, 가능한 한 '성과(results)' 중심으로 정의하라. 만약 관리자가 너무 엄격하게 프로세스(활동 과정)를 미리 정해 놓으면 두 가지 문제가 생긴다.

- 직원들이 프로세스를 개선하기 위해 창의력을 발휘하는 것을 막는다.
- 정해진 프로세스가 특정 직원들과 맞지 않을 경우 성과가 떨어진다.

관리자의 역할은 목적지까지의 지도를 직원에게 명확히 알려주고, 조언과 안내를 주되, 직원들이 자기 방식대로 그 목적지에 도달할 수 있도록 자율성을 주는 것이다.

3. 장애물을 제거하라(Remove Obstacles)

관리자는 프로 스포츠의 위원회와 같은 역할을 해야 한다. 프로 스포츠의 위원회는 규칙을 정하고 시행하며, 경기장과 심판 체계를 명확히 정의한 뒤, 실제 경기가 이루어질 땐 뒤로 물러나 선수들이 자유롭게 뛰도록 한다. 만약 경기장과 규칙, 심판이 명확하지 않거나 불공정하면 경기는 불확실성, 혼란, 논쟁으로 중단된다.

- **단순성과 명확성** = 생산성 증가
- **불확실성과 모호성** = 시간과 자원의 낭비

영업에서도 마찬가지다. 담당 지역, 담당 고객, 영업 규칙, 보상 체계, 영업 프로세스가 모호하거나 명확히 정해지지 않으면, 현장에서 '마찰(friction)'이 발생한다. 이것은 아무런 가치

없이 시간과 노력만 낭비하게 만든다.

따라서 영업팀이 원활하게 업무를 수행하도록 하려면, 영업 지역, 보상 체계, 고객 배정 규칙을 명확히 정하고 항상 최신 상태로 유지해야 한다. 그렇게 하면 영업 담당자는 '마찰 없는 환경'에서 고객에게만 집중하여 더욱 높은 성과를 낼 수 있다.

4. 팀원을 진심으로 동기부여하라

진정한 동기부여는 단지 급여를 높이는 것이 아니라, 팀과 개인의 성장을 도와주는 문화를 만드는 것에서 시작된다. 동기부여는 금전적 보상뿐 아니라, 사소해 보이지만 진정성 있는 칭찬과 격려를 개인적, 공개적으로 자주 전달하는 데서도 나온다. 또한 승진의 기회, 개인적 목표 달성의 기회, 자기계발 기회와 같은 여러 요소도 직원의 의욕을 결정짓는다.

불행히도 일부 매체나 영화(예:『글렌게리 글렌 로스』)는 강압적이고 공격적인 리더십(핏불 유형의 관리자)을 미화하는 경우가 있다. 그러나 이는 바람직하지 않다. 장기적으로 이런 스타일의 리더는 팀원들의 사기를 떨어뜨리고, 뛰어난 직원들의 이탈을 가져올 뿐이다.

5. 팀원의 성장을 위해 리더가 노력하라

만약 당신의 직장에서 성장, 승진, 학습의 기회가 없다면 당신은 얼마나 만족할 수 있겠는가? 당신의 리더가 당신의 커리어 성장을 돕기 위해 얼마나 많은 시간을 쓰고 있는가?

당신의 직원들도 똑같다. 시간을 들여 개개인의 삶과 경력 목표를 진심으로 이해하고, 그 목표를 달성할 수 있도록 능동적으로 도와라. 모든 직원이 자신만의 인생 목표와 커리어 목표를 달성할 수 있도록 각별히 신경 써라. 당신이 그들을 위해 성공을 도울수록, 그들도 팀과 회사 전체의 성공을 위해 더 열정적으로 일할 것이다.

6. 지속적으로 개선하라

지금까지 다룬 다섯 가지 방법을 다시 한 번 점검해 보자. 다음번에는 무엇을 더 잘할 수 있을까? 회사가 성장함에 따라 위의 단계들을 정기적으로 재점검하고 개선해 나가라. 오늘 효과적인 방법이라도, 내일은 더 나은 방법이 있을 수 있다.

핵심 인재 유지하기

앞서 언급했듯, 회사의 성장과 성공을 위해서는 핵심 인재를 유지하는 것이 매우 중요하다. 지금 당신의 회사는 핵심 인재를 잃을 위험에 처해있지는 않은가? 만약 그들의 만족도를 명확히 파악하고 싶다면, 마커스 버킹엄(Marcus Buckingham)과 커트 코프먼(Curt Coffman)의 저서 『먼저, 모든 규칙을 깨라』 (First, Break All The Rules)에서 제시한 12가지 질문을 활용해 보라.

1. 나는 회사에서 내게 기대하는 것이 무엇인지 명확히 알고 있는가?
2. 업무를 수행하기 위해 필요한 자료와 장비가 제공되고 있는가?

3. 업무에서 매일 내가 가장 잘하는 일을 할 기회를 가지고 있는가?

4. 최근 일주일 동안 좋은 업무 성과에 대해 칭찬이나 인정을 받은 적이 있는가?

5. 회사에서 상사나 누군가가 나에게 인간적으로 관심을 가져주는가?

6. 회사에 나의 성장을 독려하고 지원해 주는 사람이 있는가?

7. 회사에서 내 의견은 존중받고 있는가?

8. 회사의 미션과 목적이 나의 업무에 의미와 가치를 느끼게 하는가?

9. 나의 동료들은 질 높은 업무를 수행하기 위해 헌신적인가?

10. 회사에서 가장 친한 친구나 마음을 터놓을 수 있는 사람이 있는가?

11. 지난 6개월 내에 나의 업무 발전이나 성장에 대해 누군가와 이야기를 나눈 적이 있는가?

12. 회사에서 나의 성장을 위한 배움과 발전의 기회를 제공하고 있는가?

이 질문을 사용할 때 중요한 점은 다음과 같다.

관리자가 직원의 성장을 위해 노력(질문 12번)한다고 해도, 직원이 회사에서 자신에게 기대되는 것이 무엇인지 잘 모르거나(질문 1번), 자신의 강점을 발휘할 기회를 충분히 얻지 못하고 있다면(질문 3번), 그 직원은 결코 진정한 만족과 성장을 느낄 수 없을 것이다. 우선순위를 두고, 가장 기본적이면서도 중요한 질문부터 점검하고 개선해 나가라.

세일즈포스가 영업 조직 전체를 정렬(Alignment)한 방법 – V2MOM 프로세스

세일즈포스닷컴의 성공을 이끈 CEO 마크 베니오프(Marc Benioff)는 회사의 목표를 명확히 설정하고, 조직 내 모든 팀과 구성원을 동일한 목표를 향해 정렬시키기 위한 계획을 개발했다. 이 계획을 V2MOM이라고 한다.

V2MOM은 다음을 의미한다:

- 비전(Vision)
- 가치(Values)
- 방법(Methods)
- 장애물(Obstacles)
- 지표(Metrics)

V2MOM 프로세스는 조직 전체가 CEO부터 개별 영업사원까지 동일한 방향으로 명확히 정렬(alignment)되도록 돕는다. 회사 수준에서부터 개별 직원들까지 모든 사람이 같은 비전 아래 일관된 활동을 수행하도록 만드는 전략적 도구다.

세일즈포스에서는 이 프로세스를 진지하게 받아들였으며, 경영진 레벨에서만 약 80~100시간을 투자해 V2MOM을 수립했다. 나(Aaron Ross)의 영업팀 수준에서도 팀을 위한 V2MOM을 따로 만들었고, 심지어 개별 직원들도 자신만의 V2MOM을 작성하도록 했다.

아래는 각 단계별 실제 사례다. 이를 참고하여 당신 회사에서도 적용해 보라.

1. 비전(VISION): 큰 그림을 그려라

앞으로 12개월간 이루고자 하는 비전은 무엇인가?

- **기업 전체 비전:** "입증된 모델을 완벽히 실행하여, 전 세계적으로 열광적이고 성공적인 고객과 파트너 커뮤니티의 규모를 두 배로 키운다."
- **우리 영업팀의 비전(내 팀의 실제 사례):** "지속적인 신규 고객 발굴로 회사 성장을 이끄는 세계 최고의 신규 영업팀이 된다."
- **개인적 비전 (Aaron Ross 개인의 사례):** "우리 팀원들이 10년 뒤 돌이켜봤을 때 '내 생애 최고의 리더였다'고 기억할 만큼 탁월한 리더가 되는 것."

2. 가치(VALUES): 가장 중요한 우선순위를 정하라

비전을 달성하는 과정에서 반드시 염두에 둬야 할 최상위 가치 세 가지는 무엇인가?

- **기업:** "고객 신뢰(Customer Trust)" (세일즈포스가 기술적 안정성과 고객 신뢰를 유지하는 것이 특히 중요했던 해의 핵심 가치였다.)
- **팀 차원:** "고객 신뢰. 확실한 실행력. 실질적인 혁신."
- **개인 차원:** "현장 중심의 리더십(Hands-on Leadership). 완벽한 실행력(Watertight Execution). 실질적이고 현실적인 혁신(Practical Innovation)."

3. 방법(METHODS): 어떻게 달성할 것인가?

목표를 달성하기 위해 실제로 무엇을 할 것인가? 명확하고 구체적으로 작성하라.

- **기업:** 마케팅 전략, 리드 육성, 세일즈 조직 확장 등을 명확하게 기술하여 각 팀이 행동에 옮기도록 구체적인 방법을 정의했다.
- **팀 차원의 사례:** "적극적으로 움직여라. 'NO'라는 답변을 받더라도 영업팀이 VP 레벨의 진짜 의사결정권자(세일즈 VP 등)와 만나기 전까지 절대 포기하지 마라."(의외로 초급 영업사원들이 쉽게 포기했기 때문에 이 방식을 팀 차원의 필수적인 가치로 정립했다.)
- **개인 차원의 사례:** "성공적인 팀은 결국 성공적인 개인으로 구성된다." 개인의 성공에 집중하고, 내가 팀원을 위해 일한다는 마인드를 가져야 한다. 결국 개개인의 성장을 돕는 것이 리더로서 최우선임을 강조했다.

4. 장애물(OBSTACLES): 성장을 막는 장애요인을 미리 파악하라

성장을 방해할 수 있는 요소를 미리 파악하여 지뢰를 피해갈 수 있는 계획을 세워라.

- **기업 차원:** 예를 들어, IT 부서와 회사 전체가 방화벽(firewall) 외부에 데이터를 두는 것을 두려워하는 경우가 있다.
- **팀 차원:** 팀 차원에서는 '똑똑하게 일하는 것보다 더 열심히 일하는 게 더 쉽다'는 사고가 흔히 걸림돌이 된다. 이는 조직이 효율성을 높이기보다 더 많은 근무시간과 더 많은 비용 투입으로 문제를 해결하려는 잘못된 습관 때문이다.
- **개인 차원:** 나의 경우 팀원이 17명까지 증가했던 때가 있었다. 팀이 급속히 성장하면 각 구성원은 더 많은 관심과 개별적인

코칭을 필요로 한다. 이렇게 많은 인력을 혼자 직접 관리하게 되면, 개별적으로 충분한 관심과 코칭을 제공하는 것이 매우 어려워진다. 팀 규모가 17명을 넘어서면서, 이 문제가 점점 심각해졌다.

5. 성과 측정: 무엇을 측정해야 하는가?

성과를 측정할 때는 단순 활동량이 아닌 결과 중심의 지표를 사용해야 한다.

- **기업 차원의 장애물 예시:** "기업 내 IT 부서가 데이터를 외부 서버에 두는 것을 꺼림(데이터 보안에 대한 우려 등)."
- **팀 차원 성과 지표:** 우리는 매일 전화를 몇 통 걸었는지와 같은 단순한 활동량(일일 다이얼 수)은 절대 측정하지 않았다. 대신 다음과 같은 결과 중심의 지표를 사용했다.
  - 하루에 고객과의 실질적인 대화 횟수(Conversations Per Day)
  - 매월 발굴된 유효한 영업 기회(Qualified Opportunities Per Month)
  - 매월 새롭게 추가된 영업 파이프라인 규모(New Pipeline Per Month)
  - 총 계약 체결 금액(Total Closed Bookings)
  - 개인 단위 성과 지표: 직원들은 개인적인 삶의 목표나 세일즈포스닷컴에서의 경력 목표를 구체적으로 설정하고 이를 관리했다.

영업 조직의 동기부여와 성과를 높이는 세 가지 방법

1. 새로운 프로그램 기획에 영업 조직을 참여시켜라

새로운 프로그램이나 제도를 수립할 때 영업 조직이 자신의 목소리를 낼 기회를 주는 것으로 시작하라. "회사의 운영 방식에 자신의 의견이 어떻게 반영되길 원하는지?", "자신이 회사를 운영한다면 무엇을 바꾸고 싶은지?"와 같은 질문을 통해 영업사원의 의견을 들어보라.

사실 모든 직원이 적극적으로 아이디어를 내거나 참여하기를 원하는 건 아니다. 하지만 직원들은 적어도 자신이 참여할 수 있는 선택권을 갖기를 원한다. 자발적으로 아이디어를 내거나 적극적으로 기여하려는 직원들이 항상 존재하므로, 그들에게 실제로 기회를 부여하라.

2. 새로운 영업 프로그램을 '베타 테스트'하라

새로운 영업 프로그램이나 방침을 바로 전사적으로 배포하지 말고, 소규모 팀을 대상으로 '베타 테스트' 형식으로 먼저 시행하라.

이를 통해 프로그램의 문제점을 조기에 발견하여 수정할 수 있다. 프로그램이나 제도를 초기 단계에서 점검하고 수정하면, 전면 시행 시 생길 수 있는 불필요한 시행착오를 크게 줄일 수 있다.

3. 만족도 조사를 실시하라

영업팀은 현재의 업무 환경과 지원에 얼마나 만족하고 있는가? 그들이 일할 때 불편함을 느끼는 도구나 업무 환경은 무엇인가?

이러한 직원 만족도 조사는 다음과 같은 다양한 방법으로 진행할 수 있다.

- 직접 현장에서 직원들과 소통하기
- 영업 미팅에서 질문하고 답을 듣기
- 간단한 온라인 설문조사 툴(예: 서베이몽키 등)을 활용하기

약간의 노력만으로도 영업 조직의 불만을 파악할 수 있으며, 사소한 환경 개선을 통해 영업 조직의 생산성과 만족도를 크게 향상시킬 수 있다.

왜 영업사원은 지시를 따르지 않을까?

많은 기업의 경영진은 영업사원(사실 다른 부서의 직원들도 포함)이 정해진 프로세스, 방침, 지침을 따르지 않는 것에 대해 불만을 토로한다. 그런데 만약 회사에서 만든 모든 프로세스, 도구, 규칙이 실제로 영업사원들에게 도움이 되고, 그 효과가 명확히 전달되었다면, 왜 영업사원들이 그것을 따르지 않겠는가?

이 문제는 회사 전체의 다른 부서에서도 동일하게 발생할 수 있지만, 여기서는 영업조직을 예로 들어 살펴보자.

전통적인 영업 관리 모델은 '지시하고 복종시키는 것'이었다. 하지만 많은 영업 임원과 관리자는 직원들이 지시한 대로 움직이지 않아 좌절감을 느낀다.

흔히 하는 불만은 다음과 같다.

- "영업 자동화 시스템(SFA, Sales Force Automation System)을 제대로 쓰지 않는다."
- "충분한 통화 횟수를 채우지 않는다."
- "가치를 중심으로 판매하지 않는다."
- "CRM 시스템 사용법을 이해하지 못한다."
- "고객 가치 중심으로 판매하지 않는다."

하지만 이런 식으로 머리로 벽을 들이받듯 강압적인 지시를 하는 방식은 양쪽 모두에게 고통스러울 뿐 아니라, 더 이상 효과도 없다. 요즘 세대의 직원들은 과거와 다르게 단순히 지시에 따르는 것을 원하지 않기 때문이다. 그들은 명령받는 것을 좋아하지 않고, 자신이 하는 업무의 의미와 가치를 이해하고 싶어 한다.

1. 사람은 누군가로부터 지시받는 것을 본능적으로 싫어한다.
누군가 당신에게 "이걸 해!"라고 강요하면 어떤 기분이 드는가?

반대로, 누군가가 무언가를 해야 하는 이유를 충분히 설명하고 나서, 당신의 협력과 도움을 요청한다면 어떨까?

사람들은 강제로 시키면, 오히려 반발심을 느끼고 그것을 하지 않으려는 경향이 있다. 이는 인간 본성의 일부다.

2. 강요는 근본적인 해결책이 아니라 단기적인 임시방편이다.
사람들에게 무언가를 강요하는 것은, 근본적인 개선(예: 사용자 친화적 설계, 쉬운 프로세스)을 회피하려는 일종의 지름길 (shortcut)에 불과하다.

뛰어난 프로세스 설계와 시스템 구축은 어렵고 시간도 많이 걸린다. 하지만 우리는 성과에 급급해 "어떻게 빨리 끝낼까?", "지금 당장 적용할 방법은 없을까?"를 고민한다.

특히 영업 조직은 즉각적인 성과 압박이 심하기 때문에, 이런 단기적 강요나 임시방편을 사용하는 경우가 많다. 하지만 이는 결국 근본적 문제 해결과는 거리가 멀다.

3. 복잡성(Complexity)과의 싸움에서 결국 패배하게 된다.

영업 조직에서 사용하는 모든 프로그램, 도구, 계획, 규칙 등은 시간이 지날수록 점점 더 복잡해지는 경향이 있다. 어느 시점이 지나면, 복잡성은 '도움이 되는 단계(useful)'에서 '이해할 수 없는 혼란(hairball)'으로 변질된다.

기능이 많아지면 더 유용해 보이지만, 결국에는 복잡성 때문에 오히려 생산성을 떨어뜨리게 된다. 이를 해결하는 가장 좋은 방법은 내부 프로세스나 시스템을 결정하고 도입할 때 현장의 사람들(예: 영업사원)을 적극적으로 참여시키는 것이다.

예를 들어, 보상 계획을 수정할 때, 실제로 그 계획을 실행할 영업사원들의 의견을 듣고 반영하는 게 좋다. 하지만 영업사원들의 의견을 실제로 듣고 반영하지 않고, 단지 형식적으로만 의견을 묻는다면 상황은 더 나빠진다. 직원들이 자신의 의견이 무시당한다고 느끼면 사기가 떨어지고 생산성도 낮아지며 스트레스가 증가한다.

직원들은 결코 게으르거나 고집이 세거나 프로세스 자체를 싫어하는 게 아니다. 그들은 단지 자신에게 도움이 안 되는, 지나치게 복잡하거나 충분히 설명되지 않은 프로세스를 싫어할 뿐이다. 오히려 직원들은 자신이 더 많이 판매하는 데 도움되는 직관적이고 명확한 프로세스를 매우 좋아한다.

지금 당신이 영업사원들에게 하라고 요구하는 일이, 진정으로 그들의 판매 활동을 돕는 일인가? 아니면 관리자나 회사의 편의를 위한 행정적 업무인가? 후자라 해도 상관없지만, 반드시 직원들에게 그 일이 **왜 중요한지 명확히 설명해야** 직원들이 공감하고 받아들인다. 직원들에게 소통할 때는 언제나 '왜냐하면(because)'이란 말을 자주 사용해라.

영업 담당자들은 이미 너무 바쁘고 정신없이 다양한 업무를 처리하기 때문에, 직관적이지 않거나 쉽게 이해되지 않는 도구나 업무는 본능적으로 우선순위에서 뒤로 밀어버린다. 이는 당신도 마찬가지 아닌가?

직원들의 협력을 얻어 더 나은 성과를 만들어라

먼저, 지시나 강요로 직원의 관심을 얻으려 하지 말고, 직원들이 스스로 당신을 돕고 싶어 하도록 만들어야 한다.

마케팅이 고객에게 다가갈 때 사용하는 방식을 떠올려보자. 고객에게 무언가를 강요할 수 있는가? 물론 아니다. 당신은 고객이 진정으로 가치를 느끼는 제품과 서비스를 디자인하고, 그들에게 진정한 도움이 되어야만 고객의 관심과 신뢰를 얻을 수 있다.

당신 회사의 직원들 또한 마찬가지다. 직원들을 내부의 '고객'으로 생각하고 접근하면 된다. 당신이 영업사원들에게 제공하는 도구, 환경, 프로세스가 사실상 내부 고객인 직원들에게 판매하는 '제품'이라고 생각해 보라.

고객과 마케팅에서 어려움을 겪을 때는 그들에게 강요하는 것이 아니라 고객이 원하는 걸 제공하고, 고객의 사업에 실질적인 가치를 제공해 관심을 얻는다. 직원들도 마찬가지다. 강제로 시키는 대신, 직원들이 진심으로 원하는 가치와 업무 효율성(ROI, 투자 대비 성과)을 높일 수 있는 환경을 만들어 준다면, 그들은 자발적으로 따를 것이다.

고객이 좋아할 만한 제품을 설계하듯, 직원이 좋아할 만한 프로세스나 도구를 설계해야 한다. 영업 직원은 결코 게으르거나 프로세스 자체를 싫어하지 않는다. 그들은 단지 복잡하거나 제대로 설명되지 않거나, 자기에게 실질적으로 도움 되지 않는 프로세스를 싫어할 뿐이다.

직원들이 하길 원하는 업무가 있다면, 그것이 왜 중요한지, 직원들에게 어떤 실질적 가치를 제공하는지 충분히 설명해라. 직원과 소통할 때 "왜냐하면(because)"이라는 단어를 자주 사용하면, 직원이 더 쉽게 공감하고 협력할 수 있다.

영업 직원들은 수많은 업무 사이에서 우선순위를 설정해야 하는 바쁜 사람들이다. 직관적으로 이해되지 않거나 본인의 시간과 노력을 투자할 가치가 없다고 판단되면, 그것에 대한 관심과 시간을 쏟지 않는다.

당신이 그들의 시간을 투자할 만한 가치가 있는 환경과 프로세스를 만들어 준다면, 직원들은 자발적으로 최고의 성과를 내기 위해 움직일 것이다.

자율적으로 운영되는 팀과 프로세스를 설계하는 방법

자, 이제 팀이 스스로 운영하는(self-managing) 방식으로 변화를 시작할 준비가 되었는가?

최소한 당신과 당신의 팀이 이미 V2MOM(기업의 비전과 목표를 명확히 설정하는 전략 계획 방식)이나 자체적인 전략 기획 프로세스를 거쳤고, 직원들이 미니 CEO(mini-CEO)처럼 스스로 업무를 관리하는 비전을 받아들였다고 가정하자.

직원들이 이러한 비전을 수용하는 이유는 간단하다. 그들은 자신의 업무에 더 많은 통제력을 갖고 싶어 하며, 심지어 청소 업무를 맡은 직원까지도 자신의 출퇴근 시간을 스스로 정하는 수준까지 자율성을 확대하기를 원하기 때문이다.

이제 문화에 맞는 자율 운영 방식이 무엇인지 파악하기 위해, 우선 단 하나의 팀(예: 영업팀)을 선택해 다음과 같은 실험을 해보길 권장한다. 다른 팀으로 확장하기 전에 작은 성공부터 시작하라. 문화를 바꾸는 것은 생각보다 오래 걸릴 수 있으므로 끈기와 인내를 가져야 한다. 습관은 쉽게 바뀌지 않기 때문이다.

다음 두 가지 질문에서 시작해 보자.

- 만약 내일 당장 관리자가 사라진다면, 이 팀은 어떻게 운영될 것인가?
- 관리자가 없는 상태에서도 현상 유지만 하는 게 아니라, 성과를 더 높이기 위해서는 무엇이 이루어져야 하는가?

예를 들어, 세일즈 VP의 일반적인 핵심 업무는 다음과 같다.

- 목표 설정과 달성 관리

- 중요 거래(Big Deals)에 개인적 참여
- 기업 문화 관리
- 급여 체계 설계, 계산, 관리
- 인재 관리 (역할 구성, 채용 및 퇴사 관리)
- 팀원 개별 코칭
- 성과 분석 및 보고
- 예산 관리 및 지출 통제
- 업무 프로세스 설계와 개선

위의 업무 목록에서 최상단부터 순서대로 내려가면서 각 업무를 자율적으로 운영하기 위한 방안을 브레인스토밍해 보라.

예를 들어, '목표 설정과 달성 관리' 업무의 경우, 만약 내일 당장 세일즈 VP가 사라지고 아무도 그 자리를 대체하지 않는다면 팀은 어떻게 목표를 설정하고 성과를 달성할 것인가를 생각해 보는 것이다.

만약 특정 업무를 단 한 사람만이 책임져야 한다는 생각이 들어 고민에 빠진다면, 샤를 드골(Charles de Gaulle)의 말을 떠올려라.

"묘지에는 없어서는 안 될 사람들로 가득 차 있다."

모든 업무 항목을 하나씩 차례대로 점검해 나가면, 자연스럽게 팀이 자율 운영(self-managing)될 수 있는 비전이 구체적으로 떠오를 것이다.

중요한 것은 모든 사항을 동시에 구현하려고 하지 않는 것이다. 우선 가장 중요하고 실행하기 쉬운 항목 2~3개를 선정해 작은 성공부터 경험하고, 이를 통해 변화의 추진력을 얻는 것이 현명한 전략이다.

세일즈 VP가 얻는 이점은?

만약 관리자의 책임과 권한을 팀에 위임하기 시작하면, 세일즈 VP는 자신의 역할이 축소되었다고 느끼지 않을까? 전혀 그렇지 않다!

오히려 영업팀이 스스로 관리할 수 있는 범위가 많아질수록, 세일즈 VP는 긴급하진 않지만 조직에 매우 중요한 업무들―즉 인재 개발, 조직 문화 강화, 장기적인 비전 설정과 같은 업무―에 집중할 수 있게 된다. 일상적인 '긴급하지만 중요하지 않은 업무', 소위 '소방수 역할'을 줄이고 조직의 진정한 성장과 발전을 위한 업무에 집중할 수 있다.

더욱이 세일즈 VP나 임원진이 스스로의 시간과 에너지를 더 중요한 업무에 투입할 여력이 생기면, 그들은 CEO인 당신이 맡고 있는 책임까지도 일부 가져갈 수 있다. 그러면 CEO 역시 더 큰 비전을 구상하고 회사의 장기적인 성장을 위한 업무에 전념할 수 있게 된다.

이것이 바로 조직의 선순환 구조다. 직원에게 더 많은 자유와 책임을 주면, 궁극적으로 당신도 더 많은 자유와 성장의 기회를 얻게 되는 것이다.

책임을 위임할 때는 '제거(Elimination)'부터 시작하라

업무를 위임하기 전에 먼저 기존의 업무 목록을 정리하고, 80/20 규칙을 적용해 불필요한 업무를 과감히 정리하는 것이 좋다.

관리자의 업무를 그대로 100% 다른 사람에게 넘기는 대신, 업무를 두 가지 영역으로 나누어라.

(1) 회사 내부에서 반드시 유지해야 할 가장 중요한 20% 업무
(2) 제거하거나, 자동화하거나, 외부 위탁이 가능한 나머지 80% 업무

이를 위해 화이트보드를 두 개의 칼럼으로 나누어라. 한쪽엔 '중요한 20% 업무', 나머지 한쪽엔 '기타 80% 업무'라고 적는다. 그리고 나서 80% 칼럼에 있는 업무 중 가능한 한 많은 것을 먼저 없애보자.

다음의 순서로 진행하면 좋다:

- 어떤 업무를 제거할 수 있는가(Eliminate)?
- 어떤 업무를 자동화할 수 있는가(Automate)?
- 어떤 업무를 외부에 맡길 수 있는가(Outsource)?
- 마지막으로, 남은 업무를 위임(Delegate or Distribute)하라.

완전히 없앨 수 없는 업무에 대해서는 회사의 투명성(Transparency)과 신뢰(Trust)의 가치를 활용하여, 업무 보고, 모니터링, 체크 및 감사 업무의 80%를 줄일 방법을 찾을 수 있다.

예를 들어, 지출 승인 프로세스를 미리 관리자가 체크하고 승인하는 대신, 모든 사람의 지출 내역과 팀 예산 사용 내역을 회사 내부에 투명하게 공개할 수 있다.

이러한 투명한 지출 관리 시스템에서는 직원들이 돈을 쓰

기 전에 반드시 다른 직원이나 동료의 조언과 승인을 받게 하는 방법이 효과적이다. 즉, 관리자가 아닌 동료 간의 리뷰와 투명성이 행정적인 규칙이나 규제보다 훨씬 더 강력하고 생산적인 결과를 만든다.

이렇게 최대한 많은 업무를 제거하고 줄인 뒤, 남은 업무들을 자동화하거나 외부 위탁하는 방안을 찾자. 이를 통해 당신의 시간과 에너지를 확보하면서도 업무 효율성을 높일 수 있게 된다.

제거, 자동화, 외부 위탁을 최대한 활용한 다음, 남은 업무를 신중하게 직원들에게 위임하라.

하위 팀(Sub-Teams)과 팀 리드(Team Leads)를 활용한 관리 업무의 분산

여기서는 두 가지 용어를 사용하겠다:

(1) 팀 리드(Team Lead)
(2) 특정 업무의 책임자([Specific Function] Lead)
　　– 예: 교육 프로그램 리드(Training Program Lead)

팀 규모가 8~10명을 넘어가기 시작하면, 초기에 가졌던 긴밀하고 친밀한 분위기가 깨지기 쉽다. 팀원이 많아지면서 구성원들이 군중 속에서 길을 잃거나, 심지어 그 속에서 숨으려는 경향이 생길 수도 있다.

내가 직접 관리하던 영업팀 규모가 15명까지 늘어났을 때, 각 직원에게 충분한 관심을 주는 것이 어려워지기 시작했다. 그래서 나는 이 팀을 5명씩 세 개의 하위 팀으로 나누었다.

그리고 각 하위 팀은 자기 팀에서 가장 적합한 '팀 리드(Team Lead)'를 스스로 선발하게 했다. 이 팀 리드의 역할은 마치 '분대장(squad leader)'처럼 구성원 각자의 영업 성과를 지원하는 것이었다.

팀 리드는 정식 관리자는 아니었지만, 추가적인 책임을 맡은 영업사원으로서 하위 팀이 원활하게 돌아가도록 돕는 역할을 했다. 그들은 내 작은 CEO(mini-CEO)로서, 내가 매일 해야 했던 일상적이고 비교적 가치가 낮은 업무(예: 보상 보고서 작성 등)를 맡아 처리했다. 나에게는 사소한 업무였지만, 팀 리드에게는 배우고 성장하는 중요한 업무였다.

우리 팀은 워낙 빠르게 성장해서 한 직원이 8개월 이상 같은 역할에 머무는 경우가 드물었지만, 여러분 회사에서는 팀 리드 역할을 3~6개월마다 돌아가며 맡도록 하는 것이 좋다. 이렇게 하면 다양한 사람들이 리더십을 실습하고, 개발할 수 있다.

'단일' 팀 리드 없이 하위 팀을 구성하는 방법

하나의 팀 리드를 지정하지 않고도 자율적으로 운영되는 하위 팀을 만드는 또 다른 방법이 있다. 그것은 팀 전체에 업무별 책임자를 나누어 지정하는 방식이다.

예를 들어,

- 목표 설정 리드(Goals Setting Lead)
- 신입 교육 리드(New Hires Lead)
- 영업 교육 리드(Education Lead)
- 코칭 시스템 리드(Coaching System Lead)

- 채용 리드(Recruiting Lead)

와 같은 역할을 만들어 팀 내 여러 사람에게 책임을 분산시키는 방식이다. 이 역할 역시 몇 개월마다 서로 돌아가면서 수행하도록 하면 좋다. 특히, 이전 책임자는 새로운 책임자에게 업무 인수인계를 반드시 해야 한다.

이때 각 역할의 책임자는 모든 업무를 스스로 다 처리할 필요가 없다. 중요한 건 본인이 직접 처리하든, 다른 사람에게 맡기든 그 업무가 제대로 수행되는지 책임을 지는 것이다.

예를 들어, 리서치 리드(Research Lead)는 리서치 업무를 실제로 수행하는 외부 업체를 관리할 수도 있고, 채용 리드(Sales Hiring Lead)는 직접 면접을 보는 대신 채용 프로세스를 관리하고 면접이 차질 없이 진행되는지를 책임지는 방식으로 업무를 수행할 수도 있다.

이러한 방식으로 관리자의 업무를 효과적으로 분산시키고, 직원들이 책임과 자율성을 가지며 성장할 수 있는 조직 구조를 구축할 수 있다.

팀 리드(Team Lead) 제도 운영 사례

회사 내부에서 반드시 담당자가 있어야 하는 중요한 업무(예: 신입 직원의 코칭 등)가 있다면, 여러 사람이 함께 책임지는 위원회 방식을 쓰지 말고 **반드시 단 한 명의 담당자를 정하라.** 즉, 그 업무의 '미니 CEO(mini-CEO)'를 지정하라는 것이다.

이 담당자가 실제로 모든 업무를 직접 수행할 필요는 없다. 중요한 것은 업무가 **제대로, 그리고 이전보다 더 나은 성과로 완료되도록 책임지는** 것이다.

예를 들어, 내가 하위 팀(sub-team)과 팀 리드(team lead) 시스템을 도입하기 전에는 내 업무 시간의 절반 이상을 신입 직원의 코칭과 교육에 쓰고 있었다. 그러나 팀 규모가 점점 커지면서 신입 직원뿐 아니라 기존 직원에게도 충분한 관심과 교육을 제공하는 것이 점점 어려워졌다.

이런 문제를 해결하기 위해 팀 리드 제도를 도입한 이후, 신입 직원의 입사 초기 6주 동안 진행되는 교육과 코칭의 80% 이상을 각 팀 리드들이 맡게 했다. 각 하위 팀의 팀 리드는 자기 팀 신입 직원들이 빠르게 적응하고 성과를 낼 수 있도록 책임졌다. 이렇게 하자 나는 기존 직원(베테랑)을 위한 고급 세일즈 스킬 교육에 더 집중할 수 있게 되었다.

모두에게 이득이었다. 신입 직원은 더 나은 교육과 관심을 받았고, 기존 직원들도 나의 더 많은 관심과 지원을 받을 수 있었으며, 나는 내 시간을 더욱 가치 있는 업무에 쓸 수 있었다(예를 들어 신입 직원에게 세일즈포스 사용법을 반복적으로 가르치는 대신, 기존 직원들에게 더 발전된 세일즈 역량과 커리어 개발을 위한 코칭을 제공하는 등).

팀 리드는 직접 모든 코칭을 하지 않았으며, 신입 직원이 제대로 훈련받고 업무에 적응하도록 책임을 졌다. 이후 신입 직원들이 기본 교육을 마치고 더 높은 수준의 개별 코칭을 받을 준비가 되었을 때, 내가 직접 그들과 추가적인 시간을 보냈다.

팀 리드의 목표와 보상 체계는 하위 팀 전체의 성과와 연결했다. 팀 리드의 목표와 보상 가운데 약 20%는 하위 팀 전체의 성과에 따라 결정되었고, 이것은 팀 리드가 추가적으로 맡은 책임에 대한 보상으로 주어졌다. 나머지 80%는 팀 리드 본인의 개별 영업 성과에 따라 결정되었다.

다음은 하위 팀과 팀 리드가 담당했던 주요 업무들이다.

- 업무 품질 관리 (우리는 영업 결과를 감사하는 과정을 통해 영업 성과와 커미션 지급을 승인하기 전에 철저히 검증했다.)
- 팀 단위 소규모 인센티브 및 마케팅 예산 관리
- 팀 단위 사기 진작을 위한 이벤트 진행
- 신입 직원 채용 면접과 초기 교육
- 팀 내 동료 간 성과 평가(peer review)
- 월간 팀별 영업 목표 달성 관리

나는 대부분의 시간을 팀 리드를 코칭하고 지원하는 데 사용했다(즉, 트레이너를 트레이닝하는 역할이었다). 그러면서도 나는 정기적으로 현장을 돌며 신입 직원들을 포함한 모든 직원과 직접 소통했다. 이렇게 현장에서 직원들과 가까이 소통한 덕분에, 팀 리드를 더 효과적으로 지원할 수 있는 방법과 전체 시스템을 개선할 수 있는 아이디어를 얻을 수 있었다.

책임 분산의 원칙과 방법
책임을 팀 내외부로 분산할 때는 업무를 추가하지 않는 방식이 중요하다. 이를 위해 책임을 나누기 전에 업무를 없애거나, 자동화하거나 외주로 처리할 수 있는지 먼저 판단하고, 그 이후에 위임을 고려해야 한다.

고객과 가장 가까운 현장 직원들에게 책임을 나눠주면 더 높은 품질의 성과를 얻을 수 있다. 또한 직원들은 자신이 맡은 업무를 수행하며, 마치 작은 회사의 CEO(mini-CEO)처럼 비즈니스의 전체적인 맥락과 성공 조건을 배우게 된다.

다음은 세일즈 VP의 일반적인 업무 책임을 분산하는 몇 가지 예시다.

목표 설정(Goal-Setting)
팀 스스로 목표를 설정하고 달성할 수 있는 조건은 무엇인가?

- 80/20 규칙을 활용해 목표 설정 프로세스를 간소화하라. 15가지의 목표를 세우고 관리하는 게 꼭 필요한가? 정말 중요한 목표 20%에 집중하라.
- 팀 내부에서 '목표 설정 리드(Goal-Setting Lead)' 역할을 맡을 사람을 정하고, 목표 설정 과정을 관리하게 하라. 이 인물이 CEO와의 소통도 담당하면 효율성이 높아진다.
- 팀 전체의 월간 실적과 진행 상황을 모니터링하고 위험 요소를 관리하는 '쿼터 달성 리드(Quota Beating Lead)'가 필요하지 않은지 점검하라.

중요 계약 지원(Senior Help on Big Deals)
모든 중요 계약에 세일즈 VP나 CEO가 반드시 개입해야 한다면, 이는 확장성 있는 영업 프로세스가 아니다. 특정 개인이 프로세스의 병목이 되면 회사 성장에도 한계가 생긴다. 세일즈 VP나 CEO의 도움 없이도 80% 이상의 중요한 거래가 성사되려면 어떤 조건이 필요한가?

- 세일즈 VP의 개입이 최소화되도록 영업 프로세스나 제품을 개선할 수 있는가? 간단한 방식으로 계약 성사율을 높일 수 있나?

- 다른 고위급 임원들이 중요한 계약에 필요 시 지원할 수 있도록 '대기(on-call)' 상태로 둘 수 있는가?

자사를 지지하는 고객이 계약 과정에 일부 참여하도록 지원을 요청할 수 있는가? 고객이 특별한 혜택 프로그램 등을 통해 도움을 주는 경우도 있다.

영업 보고 및 분석

팀과 경영진이 클릭 한 번으로 필요한 모든 보고서와 분석을 확인할 수 있으려면 어떤 조건이 필요한가?

- 세일즈포스(Salesforce)와 같은 CRM 애플리케이션을 통해 실시간으로 영업 결과를 게시하면 별도의 보고서 작성 업무 자체를 없앨 수 있지 않은가?
- 데이터 중독을 경계하라. 보고서 중에서도 '필수(need-to-have)'와 '있으면 좋은(nice-to-have)' 것을 명확히 구분하라. 보고서를 요청하는 임원과 이사회 멤버들은 보고서를 만드는 데 들어가는 시간과 노력을 간과하는 경우가 많다. 보고서를 요청할 때는 어떤 의사결정에 필요한지 명확히 확인하고, 보고서 생성의 비용(시간과 노력)을 임원들에게 알려 우선순위를 설정하도록 도와라.
- 보고서를 더 유용하게 만들려면 목적을 명확히 설정하라. 보고서를 요청할 때는 "이 보고서가 어떤 결정을 더 잘 내리게 도와주는가?", "이 보고서의 목적은 무엇인가?"를 반드시 물어라. 보고서가 업무의 우선순위를 정하거나 의사결정을 돕지 않는다면 보고서에 문제가 있다고 판단해야 한다.

문화

많은 회사들이 기업 문화의 중요성을 강조하지만, 실제로는 이를 위해 거의 아무런 실천도 하지 않는다. 직원들에게 "목표에 집중해라", "팀의 일원이 돼라"라는 강요의 도구로 문화를 활용하는 경우도 많다. 당신의 회사는 뛰어난 인재를 끌어들이고 이들의 성장을 지원하는 긍정적인 문화를 만들기 위해 어떤 노력을 하고 있는가? 핵심 가치를 명확히 규정하고, 이를 실천하는 문화가 자리 잡으려면 어떤 조건이 충족되어야 하는지 생각해 보라. 예를 들면 다음과 같다.

- '즐거움(Fun)'이 중요한 문화적 가치라면, 팀 내에서 '즐거움 리드(Fun Lead)'를 지정해 매주 팀원들이 충분히 즐겁게 일하고 있는지 책임지게 할 수 있다. '책임 있는 즐거움(accountable fun)'은 모순이 아니다. 사람들은 업무가 바쁠수록 즐거움을 놓치기 쉽기 때문이다.
- 물론 '즐거움 리드'가 반드시 이벤트를 직접 기획하거나, 사무실에서 장난을 치거나, 즉석에서 노래방을 시작하는 사람이 될 필요는 없다. 중요한 것은 꾸준히 즐거운 분위기가 유지되는지 확인하고 독려하는 역할이다.

절대 포기하지 말 것(Never Give Up)

스스로 업무를 관리하는(self-managing) 인재와 팀을 육성하는 것이 왜 어려운 일처럼 느껴질까? 좋은 인재를 채용했다는 가정 하에(사실 이것부터 쉽지 않다), 흔히 실패하는 주요 원인은 성급하게 포기하는 것이다. 자율적이고 책임감 있는 팀을 만드는 데는 인내와 반복적인 훈련이 필요하다.

어떤 조직은 6주면 스스로 움직이는 팀을 만들 수도 있지만, 다른 조직은 6년이 걸릴 수도 있다. 중요한 점은 도중에 포기하는 순간 절대 성공할 수 없다는 것이다. 끝까지 목표를 포기하지 말고, 반드시 이뤄내겠다는 의지를 가져라.

보상체계를 팀과 함께 설계하기

비록 나는 보상 계획 설계, V2MOM 계획 수립, 연간 계획 수립 같은 핵심적인 업무는 여전히 담당했지만, 이러한 업무에서도 직원들이 원한다면 언제든 직접 참여할 수 있는 기회를 제공했다. 직원들이 자신의 업무 환경과 조건을 스스로 만드는 과정에 참여할수록, 팀의 신뢰가 높아지고 주인의식 또한 강해지기 때문이다.

예를 들어, 우리 영업팀은 한때 보상 체계에 대한 불만이 많았다. 당시 우리가 사용하던 보상 체계는 다음의 세 가지 요소로 구성되어 있었다:

- 고정 기본급(fixed base salary)
- 월별로 창출한 영업기회(opportunities)의 수량(품질이 검증된 기준)에 따른 변동 성과급
- 실제 성사된 계약 수익(revenue)에 따른 변동 성과급

하지만 당시 일부 영업사원들이 불만을 제기했던 주된 이유는, 내가 신규 영업기회 생성 수량과 품질을 성과급 지급의 주요 지표로 사용했던 방식 때문이었다. 이로 인해 특히 영업기

회 평가기준에 대한 불만이 자주 나오기 시작했다.

나는 이 문제를 강제로 설명하거나 불만을 잠재우려고 하지 않고, 오히려 팀이 직접 참여해 보상 체계를 다시 고민하고 설계하는 프로세스를 만들어 진행했다. 당시 15명의 영업사원 중 5명이 자발적으로 참여했다.

우리는 한 번의 공식적인 미팅을 통해 다음과 같은 일을 진행했다:

- 팀의 핵심 목표와 우선순위가 무엇인지 재검토했다. (V2MOM 프로세스로 이미 정해졌던 목표들을 활용했다.)
- 보상 체계가 이러한 목표와 일치하는지 논의했다.
- 다른 대안을 고민하고, 현재의 방식과 비교하며 장단점을 평가했다.

팀이 직접 문제를 분석하고 고민한 결과, 결론은 의외로 기존의 보상 체계가 현재로서는 가장 적합하다는 것이었다.

만약 내가 직접 "왜 기존의 보상 체계가 좋은지"를 강요하듯 설명했다면, 직원들은 받아들이지 못했을 것이다. 하지만 그들이 직접 시간을 투자해 고민하고 스스로 결론에 도달했기 때문에, 이제는 스스로 이 방식을 납득했고 불만도 사라졌다.

결과적으로 보상 체계 자체는 바뀌지 않았지만, 직원들이 불만을 멈추고 오히려 보상 체계를 지지하게 되었기 때문에, 내 입장에서는 아주 성공적인 시간 투자였다. 무엇보다 이 과정 자체가 팀에게는 훌륭한 교육과 코칭의 기회였고, 직원들은 보상 체계의 배경과 목적을 명확히 이해했기 때문에 새로운 신뢰와 투명성이 형성되었다. 직원들은 보상 체계를 더 깊이 이해하게 되었고, 자신들이 직접 결정 과정에 참여했기 때문에 그에 대한 주인의식을 느끼게 되었다.

유일하게 아쉬웠던 점이 있다면, 사실 나는 팀이 더 좋은 대안을 제안하기를 내심 기대했지만, 결국 기존 시스템이 이미 충분히 잘 설계되었다는 사실만 다시 확인했을 뿐이었다는 것이다.

투명한 보상과 보고 체계

나는 영업팀 전원의 보상 체계를 투명하게 공개할 수 있는 유리한 조건이 있었다. 팀원 모두 기본적인 보상구조가 동일했기 때문이다(기본급, 보너스, 커미션 비율이 모두 동일했다). 누군가가 특별한 계약 조건을 가진 경우는 없었다. 물론 경력이나 기대치가 더 높은 직원도 있었지만, 그런 직원들은 더 뛰어난 실적을 통해 추가적인 보상을 받을 수 있었다.

보상을 투명하게 공개하면 전체 팀원이 누가 가장 높은 보상을 받는지, 그리고 그 이유가 무엇인지 명확히 이해할 수 있다. 즉, 높은 성과가 곧바로 높은 수입으로 연결되는 과정을 직접 볼 수 있다.

또한, 보상을 공개함으로써 급여나 커미션 계산 오류가 완전히 사라졌고, 보상 체계를 관리하고 보고하는 데 드는 내 업무시간의 약 80%가 줄었다. 보상 관리와 보고를 해본 사람은 알겠지만, 이는 꽤나 번거로운 작업이다. 우리도 오랫동안 세일즈포스에서 엑셀 시트를 이용해 커미션 보고서를 작성해 왔다.

기존의 비공개 방식은 다음과 같은 복잡한 과정을 거쳐야 했다.

- 각 개인의 실적을 추출한다.
- 보고서를 준비하고 커미션을 계산한다.
- 개인별로 별도의 보고서로 분할한다.
- 개별적으로 이메일을 보내거나 만나서 결과를 공유하고 확인한다.
- 필요할 경우 보고서를 수정한다.
- 최종 결과를 하나의 보고서로 합친다.
- 재무부서에 전달한다.

이런 방식은 제대로 작동할 때조차 복잡하며, 보고서나 재무부서에 문제가 발생하면 수정-재발송-확인-재수정의 고통스러운 반복이 이어졌다. 팀의 규모가 조금만 커져도 이 과정은 매우 비효율적이 된다.

그래서 나는 투명성을 도입해 업무량의 80%를 없애고 프로세스를 단순화했다. 모든 영업 실적과 계산된 커미션을 하나의 스프레드시트에 넣고, 이를 팀 전체에 이메일로 공유했다. 모든 직원이 서로의 실적과 보상 순위를 명확히 볼 수 있었다.

물론 대시보드를 통해 각 직원이 몇 건의 계약이나 영업 기회를 확보했는지 확인할 수 있었지만, 스프레드시트에서는 자신의 실제 총 보상을 기준으로 순위를 확인할 수 있었다.

이 방식을 통해 직원들은 누가 가장 뛰어난 성과를 내고 있는지 정확히 파악할 수 있었고, 자연스럽게 최고의 성과를 내는 동료를 모범으로 삼거나 조언을 구할 수 있게 되었다(우리 팀은 서로의 성공을 돕는 문화를 가지고 있었다).

또한 직원들이 직접 보고서에 문제가 있는지 쉽게 확인할 수 있었기 때문에 재무부서로부터 정확한 급여를 받을 것이라는 신뢰를 갖게 되었다. 많은 회사들이 급여 지급 과정에서 오류가 빈번하게 발생하는 현실을 고려할 때, 이는 큰 장점이다.

이러한 투명한 보상 공개 방식을 통해 직원들은 프로세스를 신뢰하고 더 이상 보상 문제로 걱정하지 않아도 되었다. 결과적으로 팀이 몇 명 이상으로 커져도 이 방식을 통해 보고 업무의 80%가 줄어들었고, 나아가 업무의 효율성도 높아졌다.

한 단계 더 나아가, 특정 팀원을 '보상 관리 리드(Compensation Lead)'로 지정해 이 업무를 맡기는 것도 좋은 방법이다. 이렇게 하면 나머지 보고 업무도 쉽게 처리할 수 있을 것이다.

영업 자동화(Sales Force Automation, SFA) 도입률을 높이는 10가지 방법

세일즈포스 같은 영업 자동화 시스템(SFA)은 필수적인 도구다. 하지만 모든 도구가 그렇듯, 결국은 직원들이 얼마나 능숙하게 사용하는지에 따라 그 가치가 결정된다. 세일즈포스는 사용하기 매우 쉬운 시스템이지만, 여전히 많은 회사들이 직원들의 실제 사용률을 높이는 데 어려움을 겪고 있다.

도입률을 높이는 3가지 핵심 원칙

1. 임원진부터 솔선수범하라

CEO와 경영진이 먼저 시스템을 사용해야 직원들도 사용한다. 사용자(영업사원)는 자신의 매니저만큼만 시스템을 쓰고, 매니저는 결국 최고 경영진이 시스템을 사용하는 만큼만 사용하게 된다.

2. 시스템 디자인이 좋을수록 도입률도 높다
직관적이고 깔끔한 인터페이스, 명확한 교육과 도입 초기의 지원이 잘 되어있을수록 시스템 사용률도 올라간다.

3. 동료 간 압박과 협력이 효과적이다
경영진부터 영업사원까지 모두가 SFA 시스템을 사용하는 것을 당연하게 여기는 문화를 만들어야 한다. 영업 데이터를 시스템에 입력하지 않았을 때, 모든 회의와 업무 진행을 즉각 멈추고, 입력할 때까지 재촉하라.

SFA 시스템 도입률을 높이는 10가지 실질적인 방법
1. CEO 및 임원 전용 대시보드를 구축하고, 임원 회의 때 반드시 대시보드를 검토하는 시간을 마련하라.
2. 복잡하고 불필요한 데이터를 정리하여 시스템의 사용성을 개선하라.
3. 영업 직원의 보상 체계를 SFA 시스템에 입력된 정확한 데이터 및 보고서와 연계하라.
4. 직원들에게 왜 SFA 시스템 사용이 중요한지 명확히 알려라.
5. 직원의 역할과 업무에 맞게 시스템 인터페이스를 맞춤 설계하라.
6. 신입 직원이 입사하는 첫날부터 SFA 시스템 사용을 교육하고, 사용에 대한 명확한 기대치를 설정하라.
7. SFA 사용을 영업팀 문화로 만들고, 동료 간 자연스러운 압력을 형성하라.

8. 모든 직원이 SFA 시스템 관련 온라인 교육을 이수하도록 하라.

9. 경험 있는 SFA 시스템 전문가를 고용하여 직원들을 위한 일대일(1:1) 맞춤 교육을 진행하라.

10. SFA 시스템의 모바일 스마트폰 버전을 도입하여 언제 어디서나 사용 가능하도록 지원하라.

설명 및 예시

책임과 역할을 효과적으로 배분하는 방법에 대한 구체적인 가이드를 다음과 같이 제시한다.

1. CEO 및 임원진부터 솔선하여 대시보드를 활용하라

주간 임원 회의에서 논의하는 주요 성과 지표가 무엇인지 파악하라. 이러한 지표들을 엑셀 대신 SFA 대시보드로 이동시키고, 반드시 회의에서 이 대시보드를 사용하도록 규정하라. 예외는 없어야 한다. 이렇게 하면 경영진이 모범을 보이는 효과가 나타나 직원들의 시스템 활용도가 급격히 높아진다.

처음에는 단순하고 핵심적인 1개의 대시보드와 지표 2~3개 정도로 시작하라.

2. 복잡성은 최대한 줄여 SFA의 사용성을 높여라

모든 데이터를 추적하려고 하지 마라. SFA가 쓰기 쉬울수록 팀원들이 더 많이, 더 자주 사용하게 된다. 사용하지 않는 항목이나 데이터를 과감하게 숨기고, 모든 라벨과 메뉴를 직관적으로 만들어야 한다.

- 잘 사용하지 않는 탭은 모두 숨기거나 제거하라.
- 활용되지 않는 데이터 입력 필드를 삭제하거나 숨겨라.
- 맞춤형 필드를 만들 때도 복잡한 전문 용어 대신 누구나 쉽게 이해할 수 있는 간결하고 상식적인 이름을 써라.

예를 들어, 이번 주의 신규 계약 수, 매출 목표 달성률 등 가장 중요한 핵심 지표부터 옮기고, 익숙해지면 점차 확장하라.

3. SFA 시스템 보고서와 보상을 연계하라

영업기회나 고객 정보가 SFA 시스템에 입력되지 않았거나 미리 정한 기준에 따라 정확히 기록되지 않았다면, 해당 계약에 대한 보상을 지급하지 마라. 이렇게 원칙을 세우면 얼마나 빠르게 영업기회가 SFA 시스템으로 옮겨지는지 보고 놀라게 될 것이다.

4. SFA 시스템 사용이 왜 중요한지 명확하게 전달하라

연구에 따르면, 어떤 시스템이나 프로세스를 사용하는 이유를 명확히 설명할 때 직원들의 협조가 크게 늘어난다. 영업 직원들이 SFA 시스템이 단지 자신을 감시하기 위한 목적이라고 느끼게 되면 협조하지 않을 것이다. 하지만 직원들이 SFA 시스템 활용이 왜 회사에 좋고 자신에게 유리한지 이해하게 된다면, 적극적으로 참여하게 된다.

예를 들어, SFA 시스템이 제대로 활용되지 않을 경우 다음과 같은 문제들이 발생한다.

- 경영진은 정확한 데이터를 얻지 못해 맹목적으로 회사를 운

영하거나, 직원들에게 직접 자료를 요청하며 시간과 에너지를 낭비하게 된다.

- 프리세일즈나 내부 영업팀이 고객 계정에 대해 부정확하거나 불충분한 정보를 갖고 있으면, 영업 직원들이 잘못된 정보로 인해 실수를 바로잡는 데 시간을 낭비하게 된다.
- 고객 지원팀이 고객 상황을 명확히 파악하지 못해 결과적으로 고객 서비스 품질이 떨어지고 불만이 증가하게 된다.

이러한 문제들을 명확히 전달하면 직원들은 SFA 사용의 필요성을 이해하고 협력하게 될 것이다.

5. 직원들의 역할에 따라 사용자 인터페이스(UI)를 맞춤화하라
영업 직원들이 SFA 시스템에서 정확히 무엇을 필요로 하고, 이를 통해 어떻게 혜택을 얻을 수 있는지 파악하라. 그런 후 직원들이 불필요하거나 방해되는 요소 없이 필요한 정보와 기능에만 쉽게 접근할 수 있도록 UI를 구성하라.

6. 신입 직원 입사 첫날부터 SFA 시스템 사용을 훈련하고 기대감을 설정하라
입사 첫날부터 직원들에게 "모든 정보는 반드시 SFA 시스템에 기록되어야 한다"는 원칙을 강조하고, 좋은 습관을 형성하도록 훈련하라. 시작부터 명확한 기대치를 설정하고 지속적으로 강조하면, 직원들은 자연스럽게 이를 받아들이고 습관으로 정착하게 된다.

7. 영업 문화에 SFA 시스템 활용을 철저히 통합시켜라.

SFA 시스템을 활용하는 문화를 만들기 위해서는 팀 내에서 자연스러운 압박(Peer Pressure)을 조성해야 한다. 예를 들어, 미팅에서 어떤 영업사원이 거래 정보나 고객 정보를 시스템에 입력하지 않았거나 최신화하지 않았다면, 팀 전체가 기다리는 가운데 실시간으로 즉시 업데이트하도록 하라.

무엇보다 중요한 원칙은, 시스템에 등록되지 않은 거래는 절대 성과급으로 인정하지 않는 것이다. 이를 확실히 지키면 직원들은 곧 시스템 입력을 습관화할 것이다.

8. 온라인 SFA 교육을 반드시 실시하라.

어떤 SFA 시스템을 사용하든, 시스템의 사용법을 익히기 위한 다양한 온라인 강의가 준비되어 있다. 이런 온라인 교육을 적극 활용하라. 온라인 교육은 직원들이 새로운 시스템에 익숙해지도록 도와주는 가장 간편하면서도 효과적인 방법이다.

9. 숙련된 담당자의 일대일(1:1) 교육을 제공하라.

직원들이 SFA 시스템을 처음 접하면 대부분 단지 '새로운 시스템'이라는 이유만으로 두려움과 불편함을 느낀다.

이럴 때는 경험 많은 SFA 사용자나 전문가를 지정하여, 30분~1시간 정도의 짧은 개인 맞춤형 교육을 진행하는 것만으로도 시스템 사용률을 크게 높일 수 있다. 복잡한 내용을 가르치는 게 아니라, 실제 업무에서 가장 유용한 기능을 중심으로 간단한 팁을 알려주는 방식으로 진행하면 빠르게 적응할 수 있다.

10. 모바일 버전의 SFA 시스템을 활용하라.

직원들이 언제 어디서든 SFA 시스템에 쉽게 접근할 수 있도록 스마트폰 앱 버전의 시스템 도입을 적극적으로 고려하라. 특히 영업사원들은 현장에서 일하는 시간이 많으므로, 모바일로 편리하게 시스템을 활용할 수 있게 되면 입력률이 크게 높아진다.

어떤 시스템을 선택하든, 그 시스템이 직원과 회사에 성과를 가져다줄지 여부는 결국 소프트웨어 그 자체에 달려 있지 않다.

직원뿐 아니라 CEO 본인이 이 시스템을 적극적으로 활용하고 사용법을 숙지하며, 실제로 활용하는 모범을 보이는 것이 가장 중요하다. 회사 전체가 시스템을 성공적으로 도입하고, 활용할 수 있도록 만드는 책임은 결국 CEO에게 있다는 점을 잊지 마라.

시스템 도입에 대한 책임은 누구에게 있는가?

회사의 성공이 SFA 시스템 자체에 달려 있는 것은 아니다.

물론 영업 담당자나 영업 관리자의 역할도 중요하지만, 시스템 도입의 궁극적인 책임은 CEO(혹은 사업부 리더)에게 있다.

조직은 CEO가 이끄는 대로 따라간다. CEO가 직접 시스템을 활용하면 직원들도 사용하게 된다. CEO가 시스템을 사용하지 않으면, 직원들도 사용하지 않는다.

즉, CEO 본인이 솔선수범하며 시스템을 직접 활용하는 모습을 보여줘야 한다.

직원들에게 "이 시스템을 활용했을 때 회사와 직원 모두가 어떤 가치를 얻게 되는지, 어떤 비전을 이루게 되는지" 명확히 보여주어야 한다. 단지 명령하지 말고, 시스템 활용이 회사에 가져올 실질적 가치를 직원들에게 '판매'하듯 설득하라.

11장

다음 단계와 활용 가능한 리소스
Next Steps and Resources

이제 어떻게 해야 할까?

이제 어떻게 할까?

이 책과 함께 제공된 자료들을 충분히 살펴보았다면, 머릿속에는 이미 수많은 아이디어와 질문, 계획이 가득할 것이다.

하지만 중요한 것은 **지금부터 실제로 무엇을 할 것인가?** 하는 문제다. 구체적으로 어떤 행동을 취할 것인가?

나는 많은 정보를 한꺼번에 회사에 도입하기보다는, **작은 단계(baby steps)**로 접근하는 것이 훨씬 효과적임을 경험으로 깨달았다. 작은 변화에 겁먹을 필요는 없다. 중요한 건 작은 발걸음이라도 **멈추지 않고 꾸준히 나아가는 것**이다. 지속 가능한 성공을 위한 끈질김을 가져라.

콜드콜 2.0(Cold Calling 2.0)의 프로세스 자체는 단순하지만, 그것을 꾸준히 실천하고 회사 문화로 정착시키는 일은 결코 쉽지 않다. 개인에게든 회사에든 **변화는 어렵다.**

핵심은 '진정한 헌신(Commitment)'이다

"진정으로 헌신하기 전까지는 언제나 망설임이 있고, 물러날 가능성이 있다. 새로운 일을 시작하거나 창조적 결단을 내릴 때, 우리가 반드시 알아야 할 기본적인 진리가 있다. 수많은 훌륭한 아이디어와 멋진 계획을 무너뜨리는 것도 결국 이 진리를 알지 못하기 때문이다. 바로, 한 사람이 명확히 헌신하고 결단을 내리는 순간, 섭리(Providence) 또한 움직이기 시작한다는 것이다. 평소에는 일어나지 않던 온갖 일이 벌어져, 그 사람을 돕게 된다. 결단에서 비롯된 수많은 사건과 예상치 못한 만남, 그리고 필요한 물질적 지원들이 기적처럼 나타나 그 사람의 목표를 실현하도록 도와준다.

당신이 할 수 있거나, 꿈꿀 수 있는 일이 있다면, 지금 당장 시작하라. 담대함에는 천재성과 힘, 그리고 마법이 담겨 있다. 지금 당장 시작하라."

– W. H. 머리(W. H. Murray)

『불가능에서 필연으로

(From Impossible To Inevitable)』

『불가능에서 필연으로(From Impossible To Inevitable)』는 아론 로스와 제이슨 렘킨이 공동으로 집필한 책으로, 전작인 『안개 속 영업을 깨부숴라』(Predictable Revenue)의 후속작이다. 이 책은 다음과 같은 핵심 질문에 답을 제시한다.

- 어떻게 예측 가능한 성장을 만들어 낼 수 있는가?
- 어떻게 성장세를 유지하고 확장할 수 있는가?
- 성장한 후 어떻게 지속 가능한 체계를 구축할 것인가?

『불가능에서 필연으로』는 실리콘밸리에서 '성장의 바이블(Growth Bible)'이라고 불린다. 특히 최근 출간된 제2판에서는 다음과 같은 새로운 내용을 담고 있다.

- 「트윌리오(Twilio)는 어떻게 10억 달러 시장을 장악했는가」
- 「세이지마운트(Sagemount)는 어떻게 기업 가치를 3배로 높였는가」
- 「초고속 성장 기업의 CMO들이 사용하는 차별화된 전략」

더 자세한 내용은 www.FromImpossible.com에서 확인할 수 있다. 한국어판은 2025년 스타트업북스에서 출간 예정이다.

스타트업북스는   유니콘이든 1인 기업이든,
'일하는 우리'를 위한   성장을 고민하는 실무자에게
콘텐츠 브랜드입니다.   진짜로 필요한 책을 만듭니다.

안개 속 영업을 깨부숴라
불확실성 타파, 매출 혁신의 절대 공식

초판 1쇄 발행 2025년 4월 30일

글   아론 로스, 마릴루 타일러
번역   FF
감수   고상혁, 양우진

펴낸이   김도형
펴낸곳   (주)도서담 등록 제2021-000053호(2021년 2월 10일)
주소   서울특별시 강남구 테헤란로87길 36, 24층 2408호
전화   070-8098-8535
이메일   startupbooks@doseodam.com

★ 책값은 뒤표지에 있습니다.
★ 잘못된 책은 구입하신 서점에서 바꾸어 드립니다.
★ 이 책 내용의 전부 또는 일부를 이용하려면 반드시 저작권자와 (주)도서담 양측의
   동의를 받아야 합니다.

당신의 경험이 다음 베스트셀러가 될 수도 있어요.
startupbooks@doseodam.com으로 알려주세요.